VRHUNSKA ESTONSKA KUHARICA

100 recepata za otkrivanje baltičke kuhinje

Hrvoje Babić

Materijal autorskih prava ©2024

Sva prava pridržana

Nijedan dio ove knjige ne smije se koristiti ili prenositi u bilo kojem obliku ili na bilo koji način bez odgovarajućeg pisanog pristanka izdavača i vlasnika autorskih prava, osim kratkih citata korištenih u recenziji . Ovu knjigu ne treba smatrati zamjenom za medicinske, pravne ili druge stručne savjete.

SADRŽAJ

SADRŽAJ 3
UVOD 6
DORUČAK 7
   1. Estonski vafli 8
   2. Kruh od cjelovitog zrna pšenice (Sepik) 10
   3. Palačinke (Pannkook) 12
   4. Kringel 14
   5. Estonski kruh (Nisuleib) 17
   6. Estonski kruh od mrkve (Porgandileib) 19
   7. Kruh s makom (Moonileib) 21
   8. Estonski kruh sa sjemenkama (Seemneleib) 24
   9. Estonski kruh od bundeve (Kõrvitsaleib) 26
   10. Estonski zobeni kruh (Kaeraleib) 28
   11. marcipan (marcipan) 30
   12. Estonska slatka lepinja (Saiake) 32
   13. Tradicionalni estonski kruh (Kama Leib) 35
   14. Kaša od borovnice (Mustikapuder) 37
   15. Crni raženi kruh (Rukkileib) 39
   16. Estonska zobena kaša 41
   17. Pire od jaja (Munavõi) 43
   18. Estonska kobasica (Eesti Vorst) 45
   19. Estonski omlet 48
   20. Kama Kottidega 50
   21. Palačinke od krumpira 52
   22. Estonski omlet od povrća (Juurviljaomlett) 54
   23. Estonska ječmena kaša (Oderpuder) 56
GRICOLE 58
   24. Popečci od graha (Hõrgud Kõrtpoolakesed) 59
   25. Estonski zalogaj od skute (Kohupiimakreem) 61
   26. estonska semla (Vastlakukkel) 63
   27. Sendvič s estonskom papalinom (Sprotivõileib) 66
   28. Pileća pašteta 68
   29. Čips od krumpira (Kartulikrõpsud) 71
   30. kolutići luka (Sibulakrõpsud) 73
   31. Grickalica od pečenih žitarica (Kama) 75
   32. Čips od divljeg češnjaka (Karulauguviilud) 77
   33. Konzervirano meso losa (Põdralihakonserv) 79
   34. Kriške estonske haringe (Kiluviilud) 82
   35. Estonski grisni štapići (Leivasnäkid) 84
   36. Estonski kiseli krastavci (Hapukurk) 86

37. Kohuke 88
38. Peciva sa šunkom i sirom 90
39. Estonske kuglice od krumpira (Kartulipallid) 93
40. Estonske kriške mrkve 95
41. Marinirane gljive 97

SALATE 99
42. Estonska krumpir salata 100
43. Salata od cikle (Punasepeedisalat) 102
44. Salata od gljiva (Seenesalat) 104
45. Salata od krastavaca (Kurgisalat) 106
46. Salata od haringe (Suitsusilli Salat) 108
47. Salata od mrkve (Porgandisalat) 110
48. Salata od kupusa (Kapsasalat) 112
49. Salata od rajčica i krastavaca (Tomati-Kurgisalat) 114
50. Miješana salata (Segasalat) 116

JUHE 118
51. Juha od graška (Hernesupp) 119
52. Estonska juha od pirea od bundeve 121
53. Juha od gljiva (Seenesupp) 123
54. Estonska juha od graška (Kaalika-Hernesupp) 125
55. Riblja juha (Kalasupp) 127
56. Juha od cikle (Borsisupp) 129
57. Tradicionalna juha od kiselog kupusa (Hapukapsasupp) 131
58. Juha od ječma (Odrasupp) 133
59. Juha od kupusa 135
60. Estonska juha od kiselog kupusa (Hapukapsasupp) 137

GLAVNA JELA 139
61. Gulaš od svinjetine i kiselog kupusa (Seakapsahautis) 140
62. Goveđi paprikaš (Hakklihahautis) 142
63. Gulaš od piletine i povrća 144
64. Varivo od graha (Oa- Või Hernesupp) 146
65. Estonski lonac od riže s gljivama (Seeneriis) 148
66. Estonski lonac od kupusa i riže (Kapsa-Riisivorm) 150
67. Estonsko prženje riže i povrća (Riis Ja Köögiviljad Wokis) .. 153
68. Estonski pečeni krumpir u pećnici (Ahjukartulid) 155
69. Vegegie umak od mljevenog mesa 157
70. Kõrvitsakotletid 159
71. Pajaroog 161
72. Estonske goveđe mesne okruglice (Lihapallid) 163
73. Estonske goveđe rolade (Räimerullid) 165
74. Estonske goveđe pljeskavice (Hakklihakotletid) 167
75. Estonska rolana haringa (Räimerullid) 169
76. Tepsija od govedine i krumpira 171

77. Mramorliha 173
78. Tepsija od piletine i tjestenine 175
79. Estonski pileći zamotuljci (kanawrapid) 178
80. Svinjski kotleti na žaru (Grillitud Seakarbonaad) 180
81. Ražnjići od govedine i povrća (Veiseliha- ja Köögiviljavardad) 182
82. Vege i Halloumi ražnjići 184

DESERT 186
83. Slatki pleteni kruh 187
84. Estonski kolač od skute (Kohupiimakook) 190
85. Kolač od raženog kruha (Karask) 192
86. Torta s medvjedićima (Mõmmik) 194
87. Quark kolač od sira (Kubujuustukook) 197
88. Bakin kolač (Vanaema Kook) 200
89. Estonski lisnati kolač (Plaadikook) 203
90. Kisel od grožđica (Rosinakissell) 206
91. Estonska desertna juha (Leivasupp) 208
92. Vahukoor-Kohupiimakook 210
93. Kolač od krumpira (Kartulikook) 213
94. Kamavaht 216
95. Kama i kolač od jabuka (Kama-Õunakook) 218

PIĆA 221
96. Voćno vino (Leibkonna Jook) 222
97. Kvas 224
98. Kefir 226
99. estonski Morss 228
100. Estonski Kali Drink 230

ZAKLJUČAK 232

UVOD

Dobrodošli u "VRHUNSKA ESTONSKA KUHARICA", istraživanje kulinarskih užitaka Estonije, zemlje smještene u srcu baltičke regije. U ovoj kuharici pozivamo vas na putovanje na kojem ćete otkriti bogate i raznolike okuse estonske kuhinje kroz 100 autentičnih recepata. Od obilnih variva do utješnih deserata, svako jelo pruža uvid u jedinstvenu gastronomsku baštinu ove prekrasne zemlje.

Estonska kuhinja odraz je njezine povijesti, zemljopisa i kulturnih utjecaja, spajajući elemente skandinavske, ruske i njemačke tradicije kuhanja s lokalnim sastojcima i tehnikama. Od šuma i jezera do obale i sela, prirodna bogatstva Estonije temelj su za širok izbor ukusnih i zadovoljavajućih jela.

U ovoj kuharici istražit ćemo okuse Estonije, od tradicionalnih favorita poput haringe i crnog kruha do modernih interpretacija klasičnih jela. Bez obzira žudite li za obilnom juhom koja će vas ugrijati u hladnom zimskom danu ili za osvježavajućim desertom u kojem ćete uživati na ljetnom suncu, ovdje postoji nešto što će zadovoljiti svako nepce i priliku.

Ali "VRHUNSKA ESTONSKA KUHARICA" više je od puke zbirke recepata - to je slavlje estonske kulture, povijesti i gostoprimstva. Dok putujete ovim stranicama, naučit ćete o tradiciji i običajima koji su oblikovali estonsku kuhinju, kao i savjete i tehnike za rekreaciju autentičnih estonskih jela u vlastitoj kuhinji.

Dakle , bez obzira jeste li kuhar pustolovni duh koji želi istražiti nove okuse ili netko s lijepim sjećanjima na estonsku kuhinju, neka vam "VRHUNSKA ESTONSKA KUHARICA" bude vodič. Od užurbanih tržnica Tallinna do tihih ruralnih sela, neka vas svaki recept prenese u srce Estonije i nadahne vas da napravite ukusna jela koja slave bogato kulinarsko nasljeđe zemlje.

DORUČAK

1. Estonski vafli

SASTOJCI:
- 2 velika jaja
- ½ šalice granuliranog šećera
- ½ šalice neslanog maslaca, otopljenog
- 1 ½ šalice višenamjenskog brašna
- 1 ½ žličica praška za pecivo
- 1 žličica ekstrakta vanilije
- ¼ žličice soli
- 1 šalica punomasnog mlijeka
- Šlag i džem, za posluživanje

UPUTE:

a) U odgovarajućoj zdjeli umutite jaja i šećer dok se dobro ne sjedine. U zdjelu umiješajte otopljeni maslac, brašno, prašak za pecivo, ekstrakt vanilije i sol. Miješajte dok pripremljena smjesa ne postane glatka i ne ostane bez grudica. Postupno umiješajte mlijeko u pripremljeno tijesto, dobro miješajte nakon svakog dodavanja dok pripremljeno tijesto ne dobije gustu, ali sipku konzistenciju. Zagrijte pekač za vafle prema uputama proizvođača. Žlicom stavite otprilike ¼ do ½ šalice tijesta (ovisno o veličini kalupa za vafle) na vrući kalup za vafle i ravnomjerno ga rasporedite.

b) Zatvorite pekač za vafle i pecite vafle dok ne porumene i postanu hrskavi, slijedeći upute za pekač za vafle. Pažljivo izvadite vafle iz pegle i stavite ih na rešetku da se malo ohlade. Ponovite postupak s preostalim tijestom dok se svi vafli ne ispeku. Estonske vafle poslužite tople sa šlagom i pekmezom na vrhu ili bilo kojim drugim nadjevom po želji poput svježeg bobičastog voća ili šećera u prahu. Uživajte u ukusnim estonskim vaflima kao slatkišu ili desertu!

2. Kruh od cjelovitog zrna pšenice (Sepik)

SASTOJCI:
- 3 šalice integralnog pšeničnog brašna
- 1 ½ šalice tople vode
- ¼ šalice meda ili javorovog sirupa
- 2 ¼ žličice aktivnog suhog kvasca
- 2 žličice soli
- 2 žlice biljnog ulja

UPUTE:
a) U odgovarajućoj posudi za miješanje pomiješajte toplu vodu, med (ili javorov sirup) i kvasac. Miješajte dok se kvasac ne otopi . Ostavite da odstoji oko 5 minuta dok se kvasac ne zapjeni. U zdjelu sa smjesom kvasca umiješajte integralno pšenično brašno, sol i biljno ulje. Dobro izmiješajte da dobijete tijesto. Na pobrašnjenoj podlozi mijesite ovo tijesto oko 5-7 minuta dok ne postane glatko i elastično. Ako je ovo tijesto previše ljepljivo, možete dodati još malo brašna, ali pazite da ga ne dodate previše jer može biti gust kruh. Ovo tijesto oblikujte u kuglu i stavite u namašćenu zdjelu. Pokrijte čistim ručnikom ili plastičnom folijom i ostavite da se diže na toplom mjestu bez propuha oko 1 sat dok se ne udvostruči.
b) Zagrijte pećnicu na 375°F. Namastite kalup za kruh. Dignuto tijesto izbušite i istresite na pobrašnjenu površinu. Oblikujte ga u štrucu i stavite u podmazan kalup za kruh. Pokrijte kalup za kruh čistim ručnikom ili plastičnom folijom i ostavite da se ovo tijesto diže još 30-45 minuta dok ne dođe do vrha kalupa. Nakon što se ovo tijesto diglo, stavite kalup za kruh u prethodno zagrijanu pećnicu i pecite 30-35 minuta, dok vrh ne porumeni i kruh ne zvuči šuplje kada ga lupkate po dnu. Izvadite kruh iz pećnice i ostavite ga da se ohladi u tavi oko 5 minuta, zatim ga stavite na rešetku da se potpuno ohladi prije rezanja i posluživanja. Uživajte u svom domaćem kruhu Sepik od cjelovitog zrna pšenice! Savršen je za sendviče, tost ili kao prilog uz juhe i variva.

3. Palačinke (Pannkook)

SASTOJCI:
- 2 šalice višenamjenskog brašna
- 2 šalice mlijeka
- 2 velika jaja
- ¼ šalice granuliranog šećera
- ½ žličice soli
- 1 žličica ekstrakta vanilije
- ¼ šalice neslanog maslaca, otopljenog
- Dodatni puter ili ulje, za kuhanje
- Džem, svježe bobičasto voće, šlag, šećer u prahu, za preljev

UPUTE:
a) U odgovarajućoj posudi za miješanje pjenasto izmiješajte brašno, mlijeko, jaja, šećer, sol i ekstrakt vanilije dok se dobro ne sjedine.
b) U pripremljenu smjesu umiješajte rastopljeni maslac i ponovno miješajte dok pripremljena smjesa ne postane glatka. Zagrijte neprijanjajuću tavu ili rešetku na srednje jakoj vatri i lagano je premažite maslacem ili uljem.
c) Ulijte oko ¼ šalice tijesta na zagrijanu tavu ili rešetku za svaku palačinku.
d) Pecite dok se na površini palačinke ne stvore mjehurići i dok rubovi ne počnu izgledati čvrsto, oko 2-3 minute. Okrenite palačinku i pecite još 1-2 minute s druge strane, dok ne porumeni. Pečenu palačinku izvadite iz tave ili rešetke i ponovite postupak s preostalim tijestom, dodajući još maslaca ili ulja po potrebi da se ne zalijepe.
e) Poslužite Pannkook palačinke vruće s omiljenim dodacima kao što su džem, svježe bobičasto voće, šlag ili šećer u prahu. Uživajte u ukusnim estonskim palačinkama!

4.Kringel

SASTOJCI:
TIJESTO
- 4 šalice višenamjenskog brašna
- ½ šalice šećera, granuliranog
- ½ žličice soli
- 2 ¼ žličice aktivnog suhog kvasca
- 1 šalica toplog mlijeka
- ½ šalice neslanog maslaca, otopljenog
- 2 velika jaja
- 1 žličica ekstrakta vanilije

PUNJENJE
- ½ šalice neslanog maslaca, omekšalog
- ½ šalice šećera, granuliranog
- 1 žlica mljevenog cimeta
- ½ šalice nasjeckanih orašastih plodova (badema, oraha ili pekan oraha), po želji

GLAZURA
- ½ šalice šećera u prahu
- 2 žlice mlijeka
- 1 žličica ekstrakta vanilije

UPUTE:
a) U odgovarajućoj posudi umutiti šećer, brašno, sol i kvasac. U posebnoj posudi pomiješajte toplo mlijeko, otopljeni maslac, jaja i ekstrakt vanilije. Dobro promiješajte.

b) Postupno umiješajte suhu mješavinu brašna, miješajte dok se ne dobije mekano tijesto. Ovo tijesto izručiti na pobrašnjenu površinu i mijesiti oko 5-7 minuta dok ne postane glatko i elastično.

c) Stavite ovo tijesto natrag u zdjelu za miješanje, pokrijte ga čistim ručnikom ili plastičnom folijom i ostavite da se diže na toplom mjestu bez propuha oko 1 sat dok se ne udvostruči.

d) Dok se ovo tijesto diže, pripremite nadjev tako da u odgovarajućoj zdjeli pomiješate omekšali maslac, šećer, cimet i nasjeckane orahe (ako ih koristite). Staviti na stranu.

e) Zagrijte pećnicu na 350°F. Lim za pečenje obložite papirom za pečenje. Nakon što se tijesto diglo, izbušite ga i preokrenite na pobrašnjenu površinu. Razvaljajte ga u pravokutnik oko 18x12 inča. Na ovo tijesto ravnomjerno rasporedite nadjev, ostavljajući odgovarajući rub oko rubova.

f) Počevši od jedne duge strane, čvrsto zarolajte ovo tijesto u cjepanicu, stisnuvši rubove da se spoje. Razvaljano tijesto pažljivo prebacite na pripremljeni lim za pečenje i oblikujte ga u prsten, stisnite krajeve da se spoje i oblikuju okrugli oblik. Oštrim škarama ili nožem napravite rezove oko ⅔ puta kroz ovo tijesto u intervalima od 1 inča, ostavljajući sredinu netaknutom. Nježno uvrnite svaki dio ovog tijesta prema van kako biste stvorili efekt pletenice. Pecite Kringel u prethodno zagrijanoj pećnici 25-30 minuta, dok ne porumeni i dok lupkanje po dnu kruha ne zvuči šuplje.

g) Izvadite Kringel iz pećnice i ostavite ga da se ohladi na limu za pečenje oko 10 minuta, a zatim ga stavite na rešetku da se potpuno ohladi.

h) Dok se Kringel hladi, pripremite glazuru tako što ćete u odgovarajućoj posudi umutiti šećer u prahu, mlijeko i ekstrakt vanilije.

i) Nakon što se Kringel ohladi, pokapajte glazuru po vrhu. Narežite i poslužite Kringel i uživajte u ovom ukusnom estonskom slatkom kruhu!

5.Estonski kruh (Nisuleib)

SASTOJCI:
- 1 lb pšeničnog brašna
- 1 žličica aktivnog suhog kvasca
- 1 žličica soli
- 1 žličica šećera
- 1 ¼ šalice tople vode
- 1 oz. maslac, otopljen

UPUTE:
a) U odgovarajućoj posudi za miješanje pomiješajte pšenično brašno, kvasac, sol i šećer. Promiješajte da se dobro sjedini. Uz miješanje postupno umiješajte toplu vodu dok se ovo tijesto ne sjedini. Ovo tijesto izručiti na pobrašnjenu površinu i mijesiti oko 5-7 minuta, dok tijesto ne postane glatko i elastično. Stavite ovo tijesto natrag u zdjelu za miješanje, pokrijte čistim ručnikom i ostavite da se diže na toplom mjestu oko 1 sat, dok se ne udvostruči.
b) Zagrijte pećnicu na 400°F i namastite kalup za kruh. Dignuto tijesto izbušite i istresite na pobrašnjenu površinu. Oblikujte ga u štrucu i stavite u podmazan kalup za kruh. Premažite otopljeni maslac po vrhu ovog tijesta. Pecite kruh u zagrijanoj pećnici 25-30 minuta, dok ne porumeni s gornje strane i dok lupkanjem po dnu ne zvuči šuplje. Izvadite kruh iz pećnice i ostavite ga nekoliko minuta da se ohladi u kalupu, a zatim ga stavite na rešetku da se potpuno ohladi.
c) Nakon što se kruh ohladi narežite ga i poslužite po želji. Uživajte u svom domaćem estonskom pšeničnom kruhu! Savršen je za sendviče, tost ili jednostavno kao ukusan dodatak vašim jelima.

6.Estonski kruh od mrkve (Porgandileib)

SASTOJCI:
- 2 šalice višenamjenskog brašna
- 1 šalica mrkve, naribane
- ½ šalice šećera
- ½ šalice biljnog ulja
- 2 velika jaja
- 1 žličica praška za pecivo
- ½ žličice sode bikarbone
- ½ žličice soli
- 1 žličica cimeta
- ½ žličice muškatnog oraščića
- ½ šalice nasjeckanih oraha ili pekan oraha (po želji)

UPUTE:

a) Na 350°F, prethodno zagrijte pećnicu i namastite kalup za kruh. U odgovarajućoj posudi za miješanje pomiješajte šećer, brašno, prašak za pecivo, sodu bikarbonu, sol, cimet i muškatni oraščić. Promiješajte da se dobro sjedini. U posebnoj posudi izmiješajte naribanu mrkvu, biljno ulje i jaja dok se dobro ne sjedine.

b) Umiješajte smjesu mrkve u suhe sastojke i miješajte dok se ne sjedine. Ako koristite orašaste plodove, umiješajte nasjeckane orahe ili pekan orahe. Pripremljenu smjesu izlijte u podmazan kalup za pečenje kruha i vrh zagladite špatulom.

c) Pecite u prethodno zagrijanoj pećnici 45-50 minuta, dok čačkalica zabodena u sredinu kruha ne izađe čista. Kruh od mrkve izvadite iz pećnice i ostavite da se hladi u kalupu 10 minuta, a zatim ga stavite na rešetku da se potpuno ohladi. Nakon što se kruh ohladi, narežite i poslužite po želji. Može se uživati kao običan, s maslacem ili kao kruh za sendviče.

7.Kruh s makom (Moonileib)

SASTOJCI:
TIJESTO
- 2 šalice višenamjenskog brašna
- ½ šalice šećera
- 1 žličica aktivnog suhog kvasca
- ½ žličice soli
- ½ šalice mlijeka
- ¼ šalice neslanog maslaca, otopljenog
- 2 velika jaja
- 1 žličica ekstrakta vanilije

NADJEV OD MAKA
- 1 šalica maka
- ½ šalice mlijeka
- ¼ šalice meda
- ¼ šalice šećera
- ¼ šalice neslanog maslaca
- ½ žličice ekstrakta vanilije

UPUTE:

a) U odgovarajućoj posudi pomiješajte mak, mlijeko, med, šećer, maslac i ekstrakt vanilije za nadjev. Zakuhati na laganoj vatri i uz stalno miješanje kuhati 5 minuta. Maknite s vatre i ostavite da se nadjev ohladi na sobnoj temperaturi.

b) U odgovarajućoj posudi za tijesto umutiti šećer, brašno, kvasac i sol. U posebnoj zdjeli pomiješajte mlijeko, otopljeni maslac, jaja i ekstrakt vanilije. Dobro umutiti.

c) Umiješajte suhu mješavinu brašna i miješajte dok se ne dobije tijesto. Ovo tijesto mijesite na pobrašnjenoj površini 5-7 minuta, dok ne postane glatko i elastično.

d) Ovo tijesto stavite u namašćenu zdjelu, prekrijte čistom krpom i ostavite da se diže na toplom mjestu oko 1 sat, dok se ne udvostruči.

e) Izbušite ovo tijesto i istresite ga na pobrašnjenu površinu. Razvaljajte ga u pravokutnik debljine oko ¼ inča. Po ovom tijestu ravnomjerno rasporedite ohlađeni nadjev od maka, ostavljajući odgovarajući rub po rubovima.

f) Čvrsto zarolajte ovo tijesto s duge strane, u obliku želea. Razvaljano tijesto stavite šavovima prema dolje u podmazan kalup za kruh. Pokrijte čistom krpom i ostavite da se diže još 30-45 minuta. Zagrijte pećnicu na 350°F. Pecite kruh s makom u prethodno zagrijanoj pećnici 30-35 minuta, dok na vrhu ne porumeni i unutarnja temperatura ne dosegne 190°F na termometru s trenutnim očitanjem.
g) Izvadite kruh iz pećnice i ostavite ga 10 minuta da se ohladi u kalupu, a zatim ga stavite na rešetku da se potpuno ohladi.
h) Nakon što se kruh ohladi, narežite i poslužite po želji. Uživajte u ukusnom estonskom kruhu s makom!

8.Estonski kruh sa sjemenkama (Seemneleib)

SASTOJCI:
- 2 šalice raženog brašna
- 1 šalica višenamjenskog brašna
- ¼ šalice sjemenki suncokreta
- ¼ šalice sjemenki bundeve
- ¼ šalice lanenih sjemenki
- ¼ šalice sjemenki sezama
- 1 žličica soli
- 1 žličica aktivnog suhog kvasca
- 2 šalice tople vode

UPUTE:
a) U odgovarajućoj posudi za miješanje pomiješajte raženo brašno, višenamjensko brašno, sjemenke suncokreta, sjemenke bundeve, sjemenke lana, sjemenke sezama, sol i kvasac. Umiješajte toplu vodu u suhe sastojke i miješajte dok se ne dobije ljepljivo tijesto. Pokrijte ovu zdjelu čistom krpom i ostavite tijesto da odstoji 30 minuta.

b) Na 400°F zagrijte pećnicu i namastite kalup za kruh. Nakon što je ovo tijesto odmorilo, premjestite ga u podmazan pleh i zagladite vrh mokrom špatulom. Ostavite ovo tijesto da se diže na toplom mjestu 30-45 minuta, dok se malo ne digne i ne izgleda napuhano.

c) Pecite kruh sa sjemenkama u prethodno zagrijanoj pećnici 50-60 minuta, dok ne porumeni na vrhu i ne zvuči šuplje kada se lupka po dnu. Izvadite kruh iz pećnice i ostavite ga 10 minuta da se ohladi u kalupu, a zatim ga stavite na rešetku da se potpuno ohladi. Nakon što se kruh ohladi, narežite i poslužite po želji. Uživajte u hranjivom i ukusnom estonskom kruhu sa sjemenkama!

9.Estonski kruh od bundeve (Kõrvitsaleib)

SASTOJCI:

- 2 šalice višenamjenskog brašna
- 1 šalica šećera
- 1 žličica praška za pecivo
- ½ žličice sode bikarbone
- ½ žličice soli
- 1 žličica cimeta
- ½ žličice muškatnog oraščića
- ½ žličice đumbira
- ¼ žličice klinčića
- 2 velika jaja
- 1 šalica pirea od bundeve
- ½ šalice biljnog ulja
- ¼ šalice mlijeka
- 1 žličica ekstrakta vanilije

UPUTE:

a) Na 350°F, prethodno zagrijte pećnicu i namastite kalup za kruh veličine 9x5 inča. U odgovarajućoj posudi za miješanje pjenasto izmiješajte šećer, brašno, prašak za pecivo, sodu bikarbonu, sol, cimet, muškatni oraščić, đumbir i klinčiće. U posebnoj zdjeli umutite jaja, zatim umiješajte pire od bundeve, biljno ulje, mlijeko i ekstrakt vanilije. Miješajte dok se dobro ne sjedini.

b) Umiješajte suhu smjesu brašna i miješajte dok se ne sjedini. Nemojte previše miješati. Pripremljenu smjesu izlijte u podmazan kalup za pečenje kruha i vrh zagladite špatulom.

c) Pecite u prethodno zagrijanoj pećnici 50-60 minuta, dok čačkalica zabodena u sredinu kruha ne izađe čista.

d) Kruh od bundeve izvadite iz pećnice i ostavite da se hladi u kalupu 10 minuta, a zatim ga stavite na rešetku da se potpuno ohladi. Nakon što se kruh ohladi, narežite i poslužite po želji.

e) Uživajte u ukusnom i vlažnom estonskom kruhu od bundeve!

10.Estonski zobeni kruh (Kaeraleib)

SASTOJCI:
- 2 šalice valjane zobi
- 2 šalice kipuće vode
- 2 žlice maslaca
- 2 žlice melase ili meda
- 2 žličice soli
- 2 žličice aktivnog suhog kvasca
- 4 šalice višenamjenskog brašna
- Dodatna zob, za ukras

UPUTE:

a) U prikladnu zdjelu za miješanje stavite valjane zobene pahuljice i prelijte kipućom vodom. Umiješajte maslac, melasu ili med i sol. Ostavite ovu smjesu da se ohladi do mlake. Prelijte kvasac preko zobene smjese i miješajte dok se ne otopi. Postupno umiješajte brašno, dobro miješajući nakon svakog dodavanja, dok se ne dobije mekano tijesto. Izbacite ovo tijesto na pobrašnjenu površinu i mijesite oko 5-7 minuta, dok tijesto ne postane glatko i elastično.

b) Stavite ovo tijesto natrag u zdjelu za miješanje i pokrijte čistim ručnikom. Ostavite da se diže na toplom mjestu bez propuha oko 1 sat, dok se ne udvostruči. Na 375°F, prethodno zagrijte pećnicu i namastite kalup za kruh veličine 9x5 inča. Izbušite ovo tijesto i istresite ga na lagano pobrašnjenu površinu. Oblikujte ga u štrucu i stavite u pripremljeni kalup za kruh. Pospite vrh s dodatnom zobi za ukras. Ostavite ovo tijesto da se diže u plehu oko 15-20 minuta, dok se malo ne digne. Pecite u prethodno zagrijanoj pećnici 30-35 minuta, dok kruh ne porumeni i ne zvuči šuplje kada ga lupkate po dnu.

c) Izvadite zobeni kruh iz pećnice i ostavite ga da se hladi u kalupu 10 minuta, a zatim ga stavite na rešetku da se potpuno ohladi. Nakon što se kruh ohladi, narežite i poslužite po želji. Uživajte u izdašnom i ukusnom estonskom zobenom kruhu!

11. marcipan (marcipan)

SASTOJCI:
- 2 šalice bademovog brašna ili blanširanih badema
- 2 šalice šećera u prahu
- ½ žličice ekstrakta badema
- ½ žličice ružine vodice, po želji
- Boja za hranu (po izboru)
- Šećer, granuliran ili u prahu, za posipanje

UPUTE:
a) Ako koristite cijele bademe, blanširajte ih tako da ih stavite u kipuću vodu nekoliko minuta, zatim ih ocijedite i uklonite im kožicu.
b) Ostavite ih da se potpuno osuše. U sjeckalici pomiješajte bademovo brašno ili blanširane bademe sa šećerom u prahu. Pusirajte dok se dobro ne sjedini i ova smjesa dobije finu teksturu.
c) Umiješajte ekstrakt badema i ružinu vodicu (ako koristite) u ovu smjesu i ponovno miksajte dok se smjesa ne počne spajati i ne dobije konzistenciju poput tijesta. Po želji u ovu smjesu možete dodati prehrambene boje kako biste postigli željenu boju. Pulsirajte dok se boja ravnomjerno ne rasporedi.
d) Smjesu od marcipana izručite na čistu radnu površinu i mijesite rukama dok ne dobijete glatku kuglu tijesta. Ako je marcipan previše ljepljiv, možete posuti ruke i radnu površinu s malo šećera u prahu ili granuliranog šećera kako biste olakšali rukovanje.
e) Nakon što je marcipan gladak i savitljiv, možete ga oblikovati u željene oblike. Može se razvaljati i rezati u oblike, oblikovati kuglice ili oblikovati razne ukrase . Ako ne upotrijebite odmah, marcipan čvrsto zamotajte u plastičnu foliju i čuvajte u hermetički zatvorenoj posudi u hladnjaku do 2 tjedna.
f) Marcipan se može koristiti za oblaganje kolača, izradu ukrasnih figura ili jednostavno uživati u njemu kao samostalnom slatkišu. Uživajte u svom domaćem marcipanu!

12. Estonska slatka lepinja (Saiake)

SASTOJCI:
TIJESTO
- 1 lb višenamjenskog brašna
- 1 žličica aktivnog suhog kvasca
- 3 ½ oz. šećer
- 1 šalica mlijeka
- 3 ½ oz. maslac, otopljen
- 1 žličica soli
- 1 žličica kardamoma

PUNJENJE
- 3 ½ oz. maslac, omekšao
- 3 ½ oz. šećer
- 1 žličica ekstrakta vanilije

GLAZURA
- 1 jaje, tučeno
- Biserni šećer, za posipanje (po želji)

UPUTE:
a) U odgovarajućoj posudi za miješanje pomiješajte brašno, kvasac, šećer, sol i kardamom. Promiješajte da se dobro sjedini. U loncu zagrijte mlijeko dok se ne zagrije pa umiješajte otopljeni maslac.
b) Promiješajte da se sjedini. Umiješajte mliječnu smjesu u suhe sastojke u posudi za miješanje i miješajte dok ne dobijete mekano tijesto.
c) Ovo tijesto izručiti na pobrašnjenu površinu i mijesiti oko 5-7 minuta, dok ne postane glatko i elastično. Stavite ovo tijesto natrag u zdjelu za miješanje, pokrijte čistim ručnikom i ostavite da se diže na toplom mjestu oko 1 sat, dok se ne udvostruči.
d) Zagrijte pećnicu na 350°F i obložite lim za pečenje papirom za pečenje. Dignuto tijesto izbušite i istresite na pobrašnjenu površinu. Podijelite ga na male komadiće i svaki dio oblikujte u odgovarajuću lepinju.
e) U odgovarajućoj zdjeli pomiješajte omekšali maslac, šećer i ekstrakt vanilije za nadjev. Prstima spljoštite svaku kiflicu i stavite odgovarajući komadić nadjeva u sredinu svake kiflice. Presavijte rubove ovog tijesta preko nadjeva i stisnite da se zapeku, oblikujući

pecivo u obliku lopte. Napunjene kiflice slažite na pripremljeni lim za pečenje, ostavljajući razmak između njih. Premažite kiflice razmućenim jajetom i pospite bisernim šećerom (ako koristite).

f) Pecite kiflice u zagrijanoj pećnici 15-20 minuta, dok na vrhu ne porumene. Izvadite kiflice iz pećnice i ostavite ih nekoliko minuta da se ohlade na limu za pečenje, a zatim ih prebacite na rešetku da se potpuno ohlade.

g) Nakon što se peciva ohlade, poslužite i uživajte u ukusnim estonskim slatkim pecivima!

13. Tradicionalni estonski kruh (Kama Leib)

SASTOJCI:
- 1 lb raženog brašna
- 1 lb pšeničnog brašna
- 9 oz. kama prah (estonski prah prženih žitarica)
- 1 žlica soli
- 1 žlica šećera
- 1 žlica aktivnog suhog kvasca
- 2 šalice tople vode

UPUTE:

a) U odgovarajućoj posudi za miješanje pomiješajte raženo brašno, pšenično brašno, kama prah, sol, šećer i aktivni suhi kvasac. Promiješajte da se dobro sjedini. Postupno umiješajte toplu vodu u suhe sastojke dok miksate, dok se ne formira tijesto. Možda ćete morati lagano prilagoditi količinu vode kako biste postigli pravu konzistenciju. Ovo tijesto izručiti na pobrašnjenu površinu i mijesiti oko 5-7 minuta, dok ne postane glatko i elastično. Stavite ovo tijesto natrag u zdjelu za miješanje, pokrijte čistim ručnikom i ostavite da se diže na toplom mjestu oko 1 sat, dok se ne udvostruči.

b) Zagrijte pećnicu na 400°F i obložite kalup za pečenje papirom za pečenje. Dignuto tijesto izbušite i istresite na pobrašnjenu površinu. Oblikujte ga u štrucu i stavite u pripremljeni kalup za kruh. Pokrijte kalup za kruh čistim ručnikom i ostavite da se ovo tijesto diže još 30 minuta. Pecite kama kruh u prethodno zagrijanoj pećnici 40-45 minuta, dok ne porumeni na vrhu i ne zvuči šuplje kada ga lupkate po dnu.

c) Izvadite kruh iz pećnice i ostavite ga nekoliko minuta da se ohladi u kalupu za kruh, a zatim ga stavite na rešetku da se potpuno ohladi. Nakon što se kama kruh ohladi, narežite i poslužite po želji. Tradicionalno se uživa s maslacem, sirom ili drugim dodacima.

14. Kaša od borovnice (Mustikapuder)

SASTOJCI:
- 1 šalica svježih ili smrznutih borovnica
- 1 šalica vode
- ½ šalice valjane zobi
- ½ šalice mlijeka
- 2 žlice šećera
- ¼ žličice soli
- ½ žličice ekstrakta vanilije

UPUTE:
a) U prikladnoj posudi pomiješajte borovnice i vodu. Pustite da zavrije na srednjoj vatri, a zatim smanjite vatru na nisku.
b) Pirjajte oko 5-7 minuta, dok borovnice ne omekšaju i puste sok. Umiješajte zobene pahuljice, mlijeko, šećer, sol i ekstrakt vanilije.
c) Kuhajte na laganoj vatri, često miješajući, oko 5-7 minuta, dok zob ne upije tekućinu i dok se kaša ne zgusne do željene gustoće. Maknite s vatre i pustite da se kaša ohladi nekoliko minuta prije posluživanja.
d) Poslužite Mustikapuder topao u zdjelicama ili posudama za desert. Po želji možete ukrasiti dodatnim borovnicama, malo šećera ili malo tučenog vrhnja.
e) Uživajte u toplim i ugodnim okusima Mustikapudera, tradicionalne estonske kaše od borovnice.

15. Crni raženi kruh (Rukkileib)

SASTOJCI:
- 2 šalice raženog brašna
- 2 šalice integralnog pšeničnog brašna
- ½ šalice višenamjenskog brašna
- 2 ½ šalice mlaćenice
- ½ šalice melase
- ¼ šalice tamnog kukuruznog sirupa
- 1 žličica soli
- 1 žličica sode bikarbone
- 2 žlice kakaa u prahu
- ½ šalice suncokretovih sjemenki, po želji

UPUTE:
a) U prikladnoj posudi za miješanje pomiješajte raženo brašno, integralno pšenično brašno i višenamjensko brašno. U posebnoj zdjeli pomiješajte mlaćenicu, melasu i tamni kukuruzni sirup. Dobro promiješajte. Umiješajte smjesu mlaćenice u suhe sastojke i miješajte dok se ne dobije gusto, ljepljivo tijesto. Pokrijte zdjelu čistim ručnikom ili plastičnom folijom i ostavite na sobnoj temperaturi 12-24 sata kako bi tijesto fermentiralo i razvilo okus.
b) Nakon perioda fermentacije, na 350°F, prethodno zagrijte pećnicu. Namastite kalup za kruh veličine 9x5 inča i ostavite sa strane. Umiješajte sol, sodu bikarbonu i kakao prah u fermentirano tijesto dok se dobro ne sjedine. Ako želite, u ovom trenutku umiješajte sjemenke suncokreta ili druge dodatke. Prebacite ovo tijesto u pripremljeni kalup za kruh i zagladite vrh lopaticom.
c) Pecite kruh u prethodno zagrijanoj pećnici 50-60 minuta dok čačkalica zabodena u sredinu ne izađe čista. Izvadite kruh iz pećnice i ostavite ga 10 minuta da se ohladi u kalupu, a zatim ga stavite na rešetku da se potpuno ohladi.
d) Nakon što se kruh potpuno ohladi, možete ga narezati i uživati u svom domaćem crnom raženom kruhu!

16.Estonska zobena kaša

SASTOJCI:
- 1 šalica valjane zobi
- 2 šalice vode
- ¼ žličice soli
- 2 šalice mlijeka
- 1 žlica maslaca
- Bobičasto voće, orasi, sjemenke, med ili džem, za preljev

UPUTE:
a) U prikladnoj posudi pomiješajte zobene pahuljice, vodu i sol. Zakuhajte na srednjoj vatri. Smanjite vatru i pirjajte oko 5 minuta, povremeno miješajući, dok zob ne upije većinu tekućine i ne omekša.
b) U lonac umiješajte mlijeko i nastavite kuhati još 5-7 minuta, često miješajući, dok kaša ne dobije željenu gustoću. Ako postane pregusto, možete dodati još mlijeka da prilagodite gustoću. Maknite lonac s vatre i umiješajte maslac dok se ne rastopi.
c) Poslužite kašu vruću u zdjelicama i dodajte željene dodatke, poput bobičastog voća, orašastih plodova, sjemenki, meda ili džema. Uživajte u toploj i ugodnoj estonskoj kaši!

17.Pire od jaja (Munavõi)

SASTOJCI:
- 4 tvrdo kuhana jaja
- ½ šalice neslanog maslaca, na sobnoj temperaturi
- ½ žličice soli
- ¼ žličice crnog papra
- Svježi vlasac, kopar ili peršin, za ukras

UPUTE:
a) Tvrdo kuhana jaja ogulite i nasjeckajte na sitne komadiće. U prikladnoj posudi za miješanje umiješajte omekšali maslac, crni papar i sol. Dobro izmiješajte dok se ne sjedini. Nasjeckanu tvrdo kuhanu pomiješajte u zdjeli sa smjesom maslaca.
b) Vilicom ili gnječilicom za krumpir zgnječite jaja i maslac dok ne postanu kremasti i dobro se sjedine. Kušajte i po želji začinite s još soli ili papra.
c) Prebacite estonska jaja u posudu za posluživanje i po želji ih ukrasite svježim vlascem, koprom ili peršinom. Poslužite Munavõi kao namaz na kruhu ili krekerima i uživajte!

18.Estonska kobasica (Eesti Vorst)

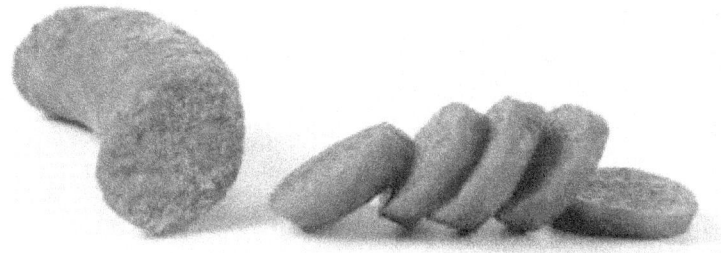

SASTOJCI:
- 1 lb mljevene svinjetine ili govedine
- ½ lb svinjskog masnog leđa, sitno narezanog na kockice
- 1 manja glavica luka, sitno nasjeckana
- 2 češnja češnjaka, mljevena
- 1 žličica soli
- ½ žličice crnog papra
- ½ žličice mljevene pimente
- ½ žličice mljevenog korijandera
- ½ žličice mljevene paprike
- ¼ žličice mljevenog muškatnog oraščića
- ¼ žličice mljevenog klinčića
- Prirodna crijeva za kobasice po ukusu
- Ulje za kuhanje, ako se prži u tavi

UPUTE:

a) U odgovarajućoj posudi za miješanje pomiješajte mljevenu svinjetinu ili junetinu sa svinjskom masninom narezanom na kockice, mljevenim lukom, mljevenim češnjakom, soli, crnim paprom, pimentom, korijanderom, paprikom, muškatnim oraščićem i klinčićima. Dobro izmiješajte dok se svi sastojci dobro ne sjedine . Ako koristite prirodna crijeva za kobasice, pripremite ih prema uputama proizvođača.

b) Prije upotrebe ih potopite u toplu vodu oko 30 minuta da omekšaju. Smjesu mesa nadjevajte u crijeva za kobasice pomoću nadjeva za kobasice ili rukama. Uvijajte kobasice u pravilnim razmacima kako biste oblikovali karike. Ako ne želite koristiti crijeva, smjesu za kobasice možete ručno oblikovati u pljeskavice ili cjepanice. Ako pečete na roštilju, prethodno zagrijte roštilj na srednje jaku temperaturu.

c) Pecite kobasice na roštilju oko 10-12 minuta, povremeno okrećući, dok se ne ispeku i lijepo porumene izvana. Ako pržite u tavi, zagrijte tavu na srednje jakoj vatri i dodajte malo ulja za kuhanje. Pržite kobasice oko 10-12 minuta, povremeno okrećući, dok ne budu pečene i dobiju zlatno-smeđu koricu. Kad su kuhane, prebacite estonske kobasice na tanjur za posluživanje i ostavite ih nekoliko minuta prije posluživanja. Poslužite estonske kobasice vruće s omiljenim prilozima, poput kiselog kupusa, krumpira ili priloga senfa za umakanje.

19. Estonski omlet

SASTOJCI:
- 4 velika jaja
- ¼ šalice mlijeka
- ½ žličice soli
- ¼ žličice crnog papra
- 1 žlica maslaca ili ulja za kuhanje
- ½ šalice nasjeckanog sira (cheddar, švicarski ili gauda)
- ½ šalice povrća (paprika, luk, gljive ili rajčice), nasjeckanog
- Vlasac, peršin ili kopar, za ukras

UPUTE:
a) U odgovarajućoj posudi za miješanje umutite jaja, mlijeko, crni papar i sol dok se dobro ne sjedine.
b) Zagrijte neprijanjajuću tavu na srednje jakoj vatri i otopite maslac ili zagrijte ulje za kuhanje. U tavu umiješajte nasjeckano povrće i kuhajte 2-3 minute dok malo ne omekša.
c) Prelijte mješavinu jaja preko povrća u tavi i pustite da se kuha bez miješanja nekoliko minuta dok se rubovi ne postave, a sredina još uvijek bude malo drhtava. Omlet ravnomjerno pospite naribanim sirom.
d) Omlet pažljivo preklopite lopaticom na pola, prekrivši nadjev drugom polovicom omleta. Kuhajte još 1-2 minute dok se sir ne otopi i omlet ne bude kuhan.
e) Prebacite estonski omlet na tanjur za posluživanje i po želji ga ukrasite svježim začinskim biljem. Omlet narežite na kriške i poslužite ga vrućeg kao ukusan i zasitan doručak ili užinu.

20.Kama Kottidega

SASTOJCI:
- 1 šalica kama (mješavina prženih žitarica)
- 1 šalica običnog jogurta
- ½ šalice miješanog bobičastog voća (borovnice, maline, jagode)
- 2 žlice meda
- Listovi svježe mente, za ukras (po želji)

UPUTE:
a) U odgovarajućoj posudi za miješanje pomiješajte kama i čisti jogurt. Dobro promiješajte da dobijete gustu, glatku smjesu. Izmiješano bobičasto voće operite i ocijedite. Ako koristite jagode, ogulite ih i nasjeckajte na manje komade.
b) kama i jogurta umiješajte izmiješano bobičasto voće i med . Lagano promiješajte da se sjedini. Kušajte ovu mješavinu i po potrebi prilagodite slatkoću dodatkom meda.
c) Žlicom ili rukama oblikujte male vrećice ili kuglice od kama smjese.
d) Možete ih oblikovati u male loptice ili spljoštiti u diskove. Posložite kama vrećice na tanjur za posluživanje.
e) Po želji ukrasite lističima svježe mente za dodatni dašak svježine.
f) Poslužite kama pouches ohlađene kao zdrav i osvježavajući estonski međuobrok ili desert.

21. Palačinke od krumpira

SASTOJCI:
- 5 krumpira bijelih, srednjih, oguljenih
- 1 luk, srednji
- 1 jaje
- 3 žlice brašna
- Morska sol, po ukusu
- Crni papar, po ukusu

UPUTE:
a) Krumpir naribajte u sjeckalici i dodajte narezane komadiće u zdjelu.
b) Dodajte jaje, brašno, crni papar, sol i nasjeckani luk. Dobro izmiješajte vilicom dok ne dobijete grubo tijesto.
c) Stavite željeznu tavu na srednju vatru i dodajte kokosovo ulje da se zagrije. Dodajte ¼ krumpirovog tijesta u tavu i utisnite ga u palačinku.
d) Pecite 2-3 minute dok ne porumene s obje strane. Nastavite raditi još palačinki od smjese krumpira. Poslužiti.

22. Estonski omlet od povrća (Juurviljaomlett)

SASTOJCI:
- 4 velika jaja
- ¼ šalice mlijeka
- ½ šalice ribanog sira (cheddar ili gauda)
- 1 manja glavica luka sitno nasjeckana
- 1 manja mrkva oguljena i naribana
- 1 manja tikvica, naribana
- 1 manja paprika, sitno nasjeckana
- 2 žlice maslaca
- Crni papar, po ukusu
- Sol, po ukusu
- Svježi peršin, za ukras

UPUTE:

a) U odgovarajućoj zdjeli umutiti jaja i mlijeko dok se dobro ne sjedine. Umiješajte naribani sir. Zagrijte neprijanjajuću tavu na srednje jakoj vatri i otopite maslac.

b) U tavu pomiješajte nasjeckani luk, naribanu mrkvu, naribanu tikvicu i nasjeckanu papriku. Pirjajte 3-4 minute, dok povrće ne omekša . Mješavinu jaja prelijte preko pirjanog povrća u tavi.

c) Kuhajte 4-5 minuta, dok se rubovi ne stvrdnu, a sredina ne postane lagano drhtava. Lopaticom nježno podignite rubove omleta i nagnite tavu kako bi nekuhana jaja tekla ispod .

d) Nakon što se gotovo stvrdnuo, pažljivo ga preokrenite pomoću prikladne lopatice ili tako da ga preokrenete na tanjur i vratite u tavu. Kuhajte još 2-3 minute, dok se omlet potpuno ne stegne i lagano porumeni. Začinite crnim paprom i soli po ukusu.

e) Omlet stavite na tanjur za posluživanje, narežite ga na kriške i po želji ukrasite svježim peršinom. Poslužite vruće i uživajte u ukusnom estonskom omletu s povrćem!

23. Estonska ječmena kaša (Oderpuder)

SASTOJCI:

- 1 šalica bisernog ječma
- 4 šalice vode ili juhe (pileća, povrtna ili goveđa)
- ½ žličice soli
- 1 srednja glavica luka, sitno nasjeckana (po želji)
- 1 srednja mrkva, naribana (po želji)
- 2 žlice maslaca ili ulja za kuhanje (po želji)
- Svježi peršin ili kopar, za ukras (po želji)

UPUTE:

a) Isperite biserni ječam pod hladnom vodom u finom cjedilu kako biste uklonili sve nečistoće. U prikladnoj posudi za umake pomiješajte isprani ječam, vodu ili juhu i sol. Ako koristite, umiješajte sitno nasjeckani luk i naribanu mrkvu za dodatni okus.

b) Stavite lonac na srednju vatru i zakuhajte ovu smjesu. Smanjite vatru i ostavite ječam da krčka, poklopljen, oko 30-40 minuta dok ne omekša. Povremeno promiješajte da se ne zalijepi za dno posude.

c) Ako koristite, dodajte maslac ili ulje za kuhanje u kuhani ječam i dobro promiješajte da se sjedini. Kušajte ječmenu kašu i začinite s više soli ili drugih začina prema svojim željama.

d) Maknite lonac s vatre i ostavite ječmenu kašu nekoliko minuta da se zgusne. Estonsku ječmenu kašu poslužite toplu u zdjelicama, po želji ukrašenu svježim peršinom ili koprom.

e) Uživajte u svojoj toploj i ugodnoj zdjelici estonske ječmene kaše kao ukusnom i zasitnom doručku ili zadovoljavajućem obroku.

GRICOLE

24.Popečci od graha (Hõrgud Kõrtpoolakesed)

SASTOJCI:
- 1 šalica boba ili fava graha, oljuštenih
- 1 manja glavica luka sitno nasjeckana
- 2 češnja češnjaka, mljevena
- ½ šalice višenamjenskog brašna
- ½ žličice praška za pecivo
- 1 žličica suhih biljaka (peršin, kopar ili majčina dušica)
- ½ žličice soli
- ¼ žličice crnog papra
- 1 veliko jaje
- Ulje, za prženje

UPUTE:

a) U odgovarajućoj zdjeli pomiješajte oljuštene mahune, sitno nasjeckani luk, mljeveni češnjak, višenamjensko brašno, prašak za pecivo, sušeno začinsko bilje, crni papar i sol. Dobro promiješajte da se sjedini. U ovu smjesu umiješajte jaje i miješajte dok se sastojci dobro ne sjedine.

b) Zagrijte oko ½ inča ulja u tavi na srednje jakoj vatri. U vruće ulje stavljajte žlice smjese boba i lagano poravnajte stražnjom stranom žlice kako biste oblikovali popečke. Pržite popečke oko 2-3 minute sa svake strane dok ne porumene i postanu hrskave.

c) Pržene popečke šupljikavom žlicom prebacite na tanjur obložen papirnatim ručnikom da se ocijedi višak ulja. Ponovite postupak s preostalom smjesom boba, dodajući još ulja u tavu po potrebi.

d) Popečke od graha poslužite vruće kao ukusno predjelo, međuobrok ili prilog. Uživajte u svojim hrskavim i ukusnim popečcima od graha s omiljenim umakom za umakanje, poput umaka od jogurta, aiolija ili kiselog vrhnja, po želji.

25.Estonski zalogaj od skute (Kohupiimakreem)

SASTOJCI:
- 2 šalice skute ili svježeg sira
- ½ šalice šećera
- 1 žličica ekstrakta vanilije ili druge arome (po izboru)
- Svježe voće ili bobičasto voće (jagode, borovnice ili maline), za preljev
- Listovi svježe mente, za ukras (po želji)

UPUTE:

a) U odgovarajućoj posudi za miješanje pomiješajte skutu ili svježi sir, šećer, ekstrakt vanilije ili druge arome (ako koristite). Dobro promiješajte da se sjedini.

b) Kušajte ovu smjesu i prilagodite slatkoću svojim željama dodavanjem još šećera po želji. Žlicom rasporedite smjesu skute u zdjelice ili čaše za posluživanje.

c) Ohladite grickalicu od skute u hladnjaku najmanje 1 sat kako bi se okusi stopili i smjesa stvrdnula.

d) Neposredno prije posluživanja prelijte zalogaj od skute svježim ili bobičastim voćem po izboru. Po želji ukrasite lističima svježe mente za dodatnu svježinu i boju. Estonsku skutu poslužite ohlađenu i uživajte u njoj kao ukusnom i osvježavajućem desertu ili međuobroku.

26.estonska semla (Vastlakukkel)

SASTOJCI:
PUHLJA
- 2 šalice višenamjenskog brašna
- ¼ šalice šećera u granulama
- ½ žličice soli
- 1 žličica aktivnog suhog kvasca
- ½ šalice mlijeka
- ¼ šalice neslanog maslaca, otopljenog
- 1 veliko jaje
- 1 žličica mljevenog kardamoma
- Šećer u prahu, za posipanje

NADJEV OD BADEMOVE PASTE
- ½ šalice mljevenih badema
- ½ šalice šećera u prahu
- 1 žlica neslanog maslaca, omekšalog
- ½ žličice ekstrakta badema
- ¼ šalice mlijeka

NADJEV OD ŠLAGA
- 1 šalica gustog vrhnja
- 2 žlice šećera u prahu
- 1 žličica ekstrakta vanilije

UPUTE:
PUHLJA
a) U odgovarajućoj posudi umutiti šećer, brašno, sol i aktivni suhi kvasac. U prikladnoj posudi zagrijte mlijeko dok se ne zagrije (oko 110°F/43°C). U suhe sastojke umiješajte toplo mlijeko, otopljeni maslac, jaje i mljeveni kardamom. Dobro promiješajte da dobijete tijesto. Izbacite ovo tijesto na pobrašnjenu površinu i mijesite oko 5-7 minuta dok tijesto ne postane glatko i elastično. Stavite ovo tijesto natrag u zdjelu za miješanje, pokrijte ga čistim ručnikom i ostavite da se diže na toplom mjestu oko 1 sat dok se ne udvostruči.

b) Zagrijte pećnicu na 350°F i obložite lim za pečenje papirom za pečenje. Dignuto tijesto izbušite i podijelite na 10-12 jednakih dijelova. Svaki dio oblikujte u prikladnu okruglu lepinju i stavite u pripremljen pleh. Pecite kiflice u prethodno zagrijanoj pećnici 12-15 minuta dok ne porumene odozgo. Izvadite kiflice iz pećnice i ostavite da se potpuno ohlade na rešetki.

NADJEV OD BADEMOVE PASTE

c) U odgovarajućoj posudi za miješanje pomiješajte mljevene bademe, šećer u prahu, omekšali maslac i ekstrakt badema. Dobro promiješajte da dobijete gustu pastu. Dodajte mlijeko postupno, prema potrebi, dok pasta od badema ne postigne konzistenciju za mazanje.

NADJEV OD ŠLAGA

d) U zasebnoj zdjeli za miješanje umutite čvrsto vrhnje, šećer u prahu i ekstrakt vanilije dok se ne formiraju čvrsti vrhovi.

e) Montaža: Kada se kiflice potpuno ohlade, svakoj kifli odrežite vrh i ostavite vrhove sa strane. Izdubite odgovarajući dio sredine punđe kako biste napravili udubinu.

f) Za nadjeve: udubljenje napunite žlicom nadjeva od bademove paste.

g) Nanesite ili žlicom izdašnu količinu tučenog vrhnja na vrh nadjeva od bademove paste.

h) Stavite rezervisane vrhove peciva natrag na šlag. Kiflice odozgo pospite šećerom u prahu za ukrašavanje.

27. Sendvič s estonskom papalinom (Sprotivõileib)

SASTOJCI:
- 4 narezana ražena kruha ili bilo koji drugi kruh
- 4 papaline iz konzerve u ulju
- 2 žlice omekšalog maslaca
- 1 glavica crvenog luka, sitno narezana
- 1 žlica svježeg kopra, nasjeckanog
- Kriške limuna, za posluživanje

UPUTE:
a) Kriške kruha tostirajte ili premažite maslacem. Papaline iz konzerve ocijediti, a ulje ostaviti. Svaku krišku kruha namažite tankim slojem omekšalog maslaca.
b) Posložite nekoliko papalina na maslacem namazane kriške kruha, pazeći da između riba ostane razmak. Papaline pospite tanko narezanim crvenim lukom i posipajte nasjeckanim svježim koprom.
c) Po vrhu pokapajte malo odvojenog ulja iz konzerviranih papalina za dodatni okus. Poslužite sendviče s papalinama s kriškama limuna sa strane da ih prije jela iscijedite po vrhu.
d) Uživajte u estonskim sendvičima s papalinama kao ukusnom i zadovoljavajućem međuobroku ili predjelu!

28.Pileća pašteta

SASTOJCI:
- 1 lb pilećih prsa ili bataka bez kostiju i kože
- 1 srednja glavica luka, sitno nasjeckana
- 2 češnja češnjaka, mljevena
- 3 ½ oz. maslac, omekšao
- 2 žlice višenamjenskog brašna
- ½ šalice pileće juhe
- ½ šalice gustog vrhnja
- Crni papar, po ukusu
- Sol, po ukusu
- Svježe začinsko bilje (peršin ili majčina dušica), za ukras

UPUTE:
a) Zagrijte pećnicu na 350°F. U prikladnom loncu otopite 1 oz. maslaca na srednjoj vatri. Umiješajte nasjeckani luk i nasjeckani češnjak i pirjajte dok ne omekšaju, oko 3-4 minute. Umiješajte komade piletine u lonac i kuhajte dok ne prestanu biti ružičasti, otprilike 5-6 minuta.
b) Maknite lonac s vatre i pustite da se smjesa s piletinom malo ohladi.
c) Nakon što se smjesa s piletinom ohladi, prebacite je u procesor hrane ili blender. Umiješajte omekšali maslac i brašno u kuhaču ili blender i miksajte dok ne postane glatko. Vratite smjesu s piletinom u lonac i ponovno je stavite na štednjak na srednju vatru.
d) Postupno umiješajte pileću juhu i vrhnje, neprestano miješajući da se ne naprave grudice. Kuhajte ovu smjesu, često miješajući, dok se ne zgusne, oko 5 minuta. Pileću paštetu obilno začinite crnim paprom i soli po ukusu. Pileću paštetu izlijte u namašćenu posudu za pečenje ili pojedinačne kalupe.
e) Pecite u zagrijanoj pećnici 20-25 minuta, dok vrh lagano ne porumeni i pašteta se stegne. Izvadite iz pećnice i ostavite da se ohladi na sobnoj temperaturi.
f) Kad se ohladi, pokrijte plastičnom folijom i stavite u hladnjak na najmanje 2-3 sata dok se pašteta ne stegne. Prije posluživanja po želji ukrasite svježim začinskim biljem, poput peršina ili majčine dušice.
g) Poslužite estonsku pileću paštetu s krekerima, kruhom ili tostom kao predjelo ili međuobrok. Uživajte u domaćoj estonskoj pilećoj pašteti!

29. Čips od krumpira (Kartulikrõpsud)

SASTOJCI:
- 4 srednja krumpira
- Sol, po ukusu
- Ulje za pečenje, za prženje

UPUTE:
a) Operite i ogulite krumpir. Oštrim nožem ili rezačem Mandoline tanko narežite krumpir na jednolične kolutiće. Ploške krumpira stavite u odgovarajuću zdjelu s hladnom vodom i ostavite da se namaču 10-ak minuta kako bi se uklonio višak škroba. Ocijedite ploške krumpira i osušite ih čistim kuhinjskim ručnikom ili papirnatim ručnicima.
b) U dubokoj tavi ili fritezi zagrijte ulje za kuhanje na oko 180°C (350°F). Pažljivo umiješajte ploške krumpira u vruće ulje u malim obrocima, bez pretrpavanja posude.
c) Pržite ploške krumpira dok ne postanu zlatnosmeđe i hrskave, povremeno okrećući kako biste osigurali ravnomjerno prženje. Prženi čips šupljikavom žlicom izvadite iz ulja i stavite na papirnate ubruse da se ocijede od viška ulja. Vrući čips odmah obilato začinite solju dok je još mastan kako bi se sol zalijepila za čips. Ponovite postupak prženja s preostalim ploškama krumpira.
d) Pustite da se čips potpuno ohladi prije posluživanja. Čuvajte estonski čips u hermetički zatvorenoj posudi kako biste zadržali njegovu hrskavost.

30.kolutići luka (Sibulakrõpsud)

SASTOJCI:
- 2 velike glavice luka
- 1 šalica višenamjenskog brašna
- 1 žličica praška za pecivo
- ½ žličice soli
- ¼ žličice crnog papra
- ¼ žličice paprike
- ¼ žličice češnjaka u prahu
- ¼ žličice luka u prahu
- ½ šalice hladne vode
- Ulje za pečenje, za prženje

UPUTE:
a) Luk ogulite i narežite na tanke ploške, odvojite kolutiće. U odgovarajuću zdjelu za miješanje pomiješajte brašno, prašak za pecivo, sol, crni papar, papriku, češnjak u prahu i luk u prahu.
b) Postupno umiješajte hladnu vodu u suhe sastojke, miješajući dok ne dobijete glatku smjesu . U dubokoj tavi ili fritezi zagrijte ulje za kuhanje na oko 180°C (350°F).
c) Umočite kolutiće luka u pripremljeno tijesto, ostavite da se višak tijesta ocijedi, pa ih pažljivo stavljajte u vruće ulje, nekoliko po nekoliko.
d) Pržite kolutiće luka dok ne postanu zlatnosmeđi i hrskavi, povremeno okrećući kako bi se osiguralo ravnomjerno prženje. Pržene kolutove luka šupljikavom žlicom vadite iz ulja i stavljajte na papirnate ubruse da se ocijede od viška ulja.
e) Ponovite postupak prženja s preostalim kolutićima luka. Ostavite kolutiće estonskog luka da se malo ohlade prije posluživanja. Poslužite kolutove luka kao ukusan i hrskav zalogaj ili predjelo.

31. Grickalica od pečenih žitarica (Kama)

SASTOJCI:
- 1 šalica integralnog pšeničnog brašna
- 1 šalica raženog brašna
- ½ šalice ječmenog brašna
- ½ šalice zobenog brašna
- ½ šalice heljdinog brašna
- ½ šalice brašna od lanenog sjemena
- ½ šalice šećera u prahu
- ½ šalice kakaa u prahu
- ½ žličice soli
- ½ šalice neslanog maslaca, otopljenog
- ½ šalice meda

UPUTE:

a) Zagrijte pećnicu na 350°F i obložite lim za pečenje papirom za pečenje. U prikladnoj posudi za miješanje pjenasto izmiješajte integralno pšenično brašno, raženo brašno, ječmeno brašno, zobeno brašno, heljdino brašno, laneno brašno, šećer u prahu, kakao prah i sol.

b) Suhim sastojcima umiješajte rastopljeni maslac i med i dobro izmiješajte dok ne dobijete mrvičasto tijesto. Ovo tijesto ravnomjerno rasporedite po pripremljenom limu za pečenje i pritisnite ga lopaticom ili rukama kako biste ga zbili.

c) Ovo tijesto pecite u prethodno zagrijanoj pećnici 20-25 minuta dok lagano ne porumeni. Pečeno tijesto izvaditi iz pećnice i ostaviti da se potpuno ohladi na plehu. Nakon što se ohladi, pečeno tijesto izlomite na male komadiće ili ga izmrvite u odgovarajuću zdjelu da dobijete hrskavi i hranjivi estonski zalogaj od prženih žitarica.

d) Poslužite kama snack kao ukusnu i zdravu poslasticu, savršenu za uživanje samostalno ili kao preljev za jogurt, kašu ili druge deserte.

32. Čips od divljeg češnjaka (Karulauguviilud)

SASTOJCI:
- 1 vezica lišća divljeg luka
- 1 šalica višenamjenskog brašna
- ½ žličice soli
- ¼ žličice crnog papra
- ¼ žličice paprike
- ¼ žličice češnjaka u prahu
- ¼ žličice luka u prahu
- ½ šalice hladne vode
- Biljno ulje, za prženje

UPUTE:

a) Temeljito operite i osušite listove divljeg češnjaka, a zatim odrežite sve žilave stabljike. U odgovarajućoj posudi za miješanje umutiti brašno, sol, crni papar, papriku, češnjak u prahu i luk u prahu. Postupno umiješajte hladnu vodu u suhe sastojke, neprestano miješajući, dok ne dobijete gusto tijesto . Zagrijte biljno ulje u dubokoj tavi ili fritezi na temperaturu od oko 350°F (180°C).

b) Svaki list divljeg luka umočite u pripremljeno tijesto, ravnomjerno premažite s obje strane. Pažljivo stavljajte obložene listove divljeg češnjaka u vruće ulje, pržite ih u serijama, oko 1-2 minute sa svake strane dok ne postanu zlatnosmeđi i hrskavi. Koristite šupljikavu žlicu ili žičanu cjediljku da premjestite pržene komadiće divljeg češnjaka na tanjur obložen papirnatim ručnikom da se ocijedi sav višak ulja. Ponovite postupak prženja s preostalim listovima divljeg češnjaka i tijestom.

c) Nakon što se svi komadići divljeg češnjaka ispeku i ocijede, ostavite ih da se malo ohlade prije nego što ih poslužite kao ukusnu grickalicu s estonskim divljim češnjakom. Uživajte u hrskavom i aromatičnom čipsu od divljeg češnjaka samostalno ili kao jedinstvenom i ukusnom prilogu drugim jelima.

33. Konzervirano meso losa (Põdralihakonserv)

SASTOJCI:
- 1 lb mesa losa (može se zamijeniti govedinom ili divljači)
- 1 glavica luka sitno nasjeckana
- 2 češnja češnjaka, mljevena
- 2 žlice biljnog ulja
- 1 žlica višenamjenskog brašna
- 1 žlica paste od rajčice
- 1 list lovora
- 1 žličica soli
- ½ žličice crnog papra
- ½ žličice paprike
- ¼ žličice mljevene pimente
- ¼ žličice mljevenog muškatnog oraščića
- 1 šalica goveđe ili povrtne juhe
- ½ šalice crnog vina (po želji)

UPUTE:

a) Meso losa narežite na sitne kockice i začinite crnim paprom i solju. Zagrijte biljno ulje u prikladnoj posudi ili pećnici na srednje jakoj vatri. Umiješajte meso losa i pržite dok ne porumeni sa svih strana. Izvadite meso iz lonca i ostavite sa strane. U istom loncu promiješajte nasjeckani luk i nasjeckani češnjak. Pirjajte dok ne omekšaju i lagano porumene. Umiješajte brašno i pastu od rajčice i kuhajte 1-2 minute dok se dobro ne sjedini.

b) Postupno umiješajte goveđu ili povrtnu juhu i crno vino (ako koristite), neprestano miješajući kako ne bi bilo grudica. U lonac umiješajte lovorov list, papriku, piment, muškatni oraščić i zapečeno meso losa. Promiješajte da se sjedini.

c) Ovu smjesu zakuhajte, zatim smanjite vatru i ostavite da lagano kuha oko 1-2 sata, dok meso losa ne omekša i lako se raspadne. Kušajte i prilagodite začine s dodatnim crnim paprom i soli, ako je potrebno. Nakon što je meso kuhano i omekšalo, uklonite lovorov list i bacite ga. Ostavite meso losa iz konzerve da se ohladi na sobnoj temperaturi.

d) Prebacite meso i umak u čiste, sterilizirane staklenke, ostavljajući oko ½ inča slobodnog prostora na vrhu. Staklenke zatvorite poklopcima i preradite u posudi pod pritiskom prema uputama proizvođača za mesne proizvode.

e) Ostavite staklenke da se potpuno ohlade prije nego što ih spremite na hladno i tamno mjesto za dugotrajnu pohranu. Konzervirano meso losa može se koristiti kao ukusan i praktičan izvor proteina za sendviče, variva, juhe ili druge recepte.

34.Kriške estonske haringe (Kiluviilud)

SASTOJCI:

- 6 fileta haringe otkostite i narežite na tanke ploške
- 1 glavica crvenog luka, sitno narezana
- 1 krastavac, tanko narezan
- Svježi kopar, nasjeckan
- Kriške limuna, za ukras (po želji)

MARINADA

- ½ šalice bijelog octa
- ½ šalice vode
- ¼ šalice šećera
- ½ žličice soli
- ¼ žličice crnog papra
- 4-5 cijelih bobica pimenta
- 4-5 cijelih klinčića

UPUTE:

a) U loncu pomiješajte bijeli ocat, vodu, šećer, sol, crni papar, bobice pimenta i klinčiće.

b) Ovu smjesu zakuhajte, zatim smanjite vatru i kuhajte oko 5 minuta, povremeno miješajući da se šećer i sol otope. Maknite s vatre i pustite da se marinada potpuno ohladi.

c) Nakon što se marinada ohladi , stavite kriške haringe, kriške crvenog luka i kriške krastavca u čistu, steriliziranu staklenu teglu, slažući ih naizmjence u slojeve.

d) Ohlađenu marinadu prelijte preko kriški haringe u staklenci, pazeći da su kriške potpuno uronjene u marinadu. Na kriške haringe u staklenci dodajte nasjeckani svježi kopar.

e) Zatvorite staklenku hermetičkim poklopcem i ostavite u hladnjaku najmanje 24 sata, ili bolje 2-3 dana, kako bi se okusi stopili i haringa u potpunosti marinirala .

f) Kriške haringe poslužite ohlađene, po želji ukrašene kriškama limuna. U njima se može uživati kao ukusno i tradicionalno estonsko predjelo ili međuobrok.

35. Estonski grisni štapići (Leivasnäkid)

SASTOJCI:
- 2 šalice višenamjenskog brašna
- ½ žličice soli
- ½ žličice šećera
- 1 žličica aktivnog suhog kvasca
- 2 žlice biljnog ulja
- ½ šalice mlake vode
- Susam ili mak, za preljev (po želji)

UPUTE:
a) U odgovarajućoj posudi umutiti brašno, sol, šećer i kvasac. U suhe sastojke umiješajte biljno ulje i mlaku vodu i miješajte dok ne dobijete tijesto. Ovo tijesto mijesite na pobrašnjenoj površini oko 5 minuta, dok ne postane glatko i elastično.

b) Ovo tijesto vratite u zdjelu za miješanje, pokrijte ga čistom krpom i ostavite da se diže na toplom mjestu oko 1 sat, dok se ne udvostruči.

c) Zagrijte pećnicu na 350°F i obložite lim za pečenje papirom za pečenje. Dignuto tijesto izbušite i prebacite na pobrašnjenu površinu. Podijelite ovo tijesto na male komadiće i svaki dio razvaljajte u tanku užad ili štapić. Stavite ove konopce za tijesto na pripremljeni lim za pečenje, ostavljajući malo prostora između njih.

d) Po želji možete grisine posuti sezamovim sjemenkama ili makom za dodatni okus i hrskavost. Pecite grisine u prethodno zagrijanoj pećnici oko 15-20 minuta, dok ne porumene i postanu hrskavi. Izvadite grisine iz pećnice i ostavite ih da se ohlade na limu prije posluživanja.

36.Estonski kiseli krastavci (Hapukurk)

SASTOJCI:
- 2 lbs. kiseljenje krastavaca
- 3 češnja češnjaka oguljena
- 3 grančice kopra
- 1 žlica cijelog crnog papra u zrnu
- 1 žlica soli
- 1 žlica šećera
- 4 šalice vode
- 1 šalica octa (bijeli ili jabučni ocat)

UPUTE:
a) Krastavce za kiseljenje temeljito operite i uklonite svu prljavštinu ili ostatke. Stavite krastavce u čistu staklenu teglu ili posudu, zajedno s oguljenim režnjevima češnjaka, grančicama kopra i crnim paprom u zrnu. U loncu pomiješajte vodu, sol, šećer i ocat.
b) Ovu smjesu zakuhajte, a zatim maknite s vatre. Krastavce u staklenci pažljivo prelijte vrućom mješavinom octa tako da ih potpuno prekrijete.
c) Stavite čisti poklopac ili plastičnu foliju preko staklenke i ostavite da se ohladi na sobnoj temperaturi.
d) Nakon što se rasol od kiselih krastavaca ohladi, čvrsto pokrijte staklenku i ostavite je u hladnjaku najmanje 24 sata prije posluživanja.
e) Kiseli krastavci će nastaviti razvijati okus kako se mariniraju u salamuri, pa što duže odstoje, to će biti ukusniji.
f) Uživajte u domaćim estonskim kiselim krastavcima kao ljutom i hrskavom međuobroku ili kao prilog uz vaše omiljeno estonsko jelo.

37.Kohuke

SASTOJCI:
- 1 šalica kvark sira
- 2 žlice meda
- 1 žličica ekstrakta vanilije
- ½ šalice zdrobljenih digestiva ili graham krekera
- ¼ šalice nasjeckanog kokosa ili nasjeckanih oraha (po želji)

UPUTE:

a) U odgovarajućoj posudi za miješanje pomiješajte kvark sir, med i ekstrakt vanilije. Dobro promiješajte da se sastojci sjedine. Umiješajte zdrobljeni digestiv ili graham krekere u smjesu kvarka. Promiješajte da se sjedini.

b) Kušajte ovu mješavinu i po želji prilagodite slatkoću dodatkom meda. Ako koristite nasjeckani kokos ili nasjeckane orašaste plodove, umiješajte ih u smjesu kvarka. Žlicom ili rukama oblikujte smjesu kvarka u male kuglice ili pljeskavice. Skuhane grickalice stavite na tanjur ili pladanj i ostavite u hladnjaku najmanje 1 sat da se stegne.

c) Nakon što se ohlade, estonski quark grickalice, ili kohukesed , spremni su za posluživanje kao divan i zdrav međuobrok.

38. Peciva sa šunkom i sirom

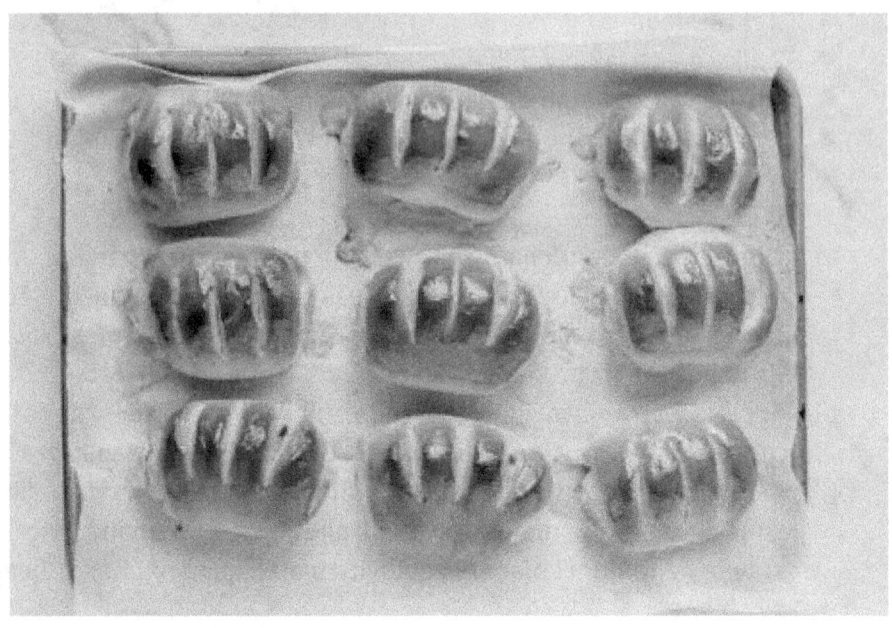

SASTOJCI:
TIJESTO
- 2 šalice višenamjenskog brašna
- 1 žličica aktivnog suhog kvasca
- 1 žličica soli
- 2 žlice šećera
- ½ šalice mlijeka
- ½ šalice vode
- ¼ šalice maslaca, otopljenog
- 1 veliko jaje

PUNJENJE
- ½ lb. kriške šunke
- ½ lb. kriške sira (kao što je gauda ili švicarski)
- ¼ šalice majoneze
- 1 žlica Dijon senfa
- 1 žlica svježeg peršina, nasjeckanog (po želji)

UPUTE:
a) U odgovarajućoj posudi umutiti brašno, kvasac, sol i šećer. U loncu zagrijte mlijeko i vodu dok ne dosegnu oko 110°F (43°C). U suhe sastojke umiješajte toplu mliječnu smjesu, otopljeni maslac i jaje. Miješajte dok se ne formira tijesto. Okrenite ovo tijesto na pobrašnjenu površinu i mijesite 5-7 minuta dok ne bude glatko i elastično.

b) Stavite ovo tijesto natrag u zdjelu za miješanje i pokrijte čistim ručnikom. Pustite da se diže na toplom mjestu bez propuha 1 sat dok se ne udvostruči. U međuvremenu pripremite nadjev tako što ćete u odgovarajućoj zdjeli pomiješati majonezu, dijon senf i nasjeckani peršin (ako ga koristite).

c) Zagrijte pećnicu na 375°F i namastite lim za pečenje. Nakon što se tijesto diglo, izbušite ga i preokrenite na pobrašnjenu površinu. Razvaljajte ovo tijesto u odgovarajući pravokutnik debljine oko ¼ inča.

d) Ravnomjerno rasporedite smjesu majoneze i senfa preko ovog tijesta, ostavljajući rub oko ½ inča oko rubova. Na nadjev posložite ploške šunke i ploške sira. Ovo tijesto čvrsto zarolajte, počevši od duže strane, u oblik cjepanice. Izrežite trupac na kriške od 1 inča pomoću oštrog noža ili konca za zube.

e) Kriške stavite na pripremljeni lim za pečenje i vrhove premažite otopljenim maslacem.
f) Pecite u prethodno zagrijanoj pećnici 20-25 minuta, dok lepinje ne porumene, a sir se otopi i postane pjenušav. Izvadite iz pećnice i pustite da se kiflice malo ohlade prije posluživanja.

39.Estonske kuglice od krumpira (Kartulipallid)

SASTOJCI:
- 4 srednja krumpira, oguljena i kuhana dok ne omekšaju
- 1 manja glavica luka sitno nasjeckana
- 2 jaja
- ½ šalice višenamjenskog brašna
- ½ žličice soli
- ¼ žličice crnog papra
- Ulje za pečenje, za prženje

UPUTE:
a) Kuhani krumpir u odgovarajućoj zdjeli gnječilicom za krumpir ili vilicom zgnječite u glatku smjesu. U pire krumpir umiješajte nasjeckani luk, jaja, brašno, crni papar i sol.
b) Dobro izmiješajte da dobijete gustu konzistenciju poput tijesta. Zagrijte dovoljno ulja za kuhanje u tavi ili fritezi da prekrije dno posude ili da dosegne dubinu od oko ½ inča.
c) ubacivati žlice krumpirove smjese oblikujući male kuglice. Malo spljoštite stražnjom stranom žlice da dobijete okrugli oblik. Pržite okruglice krumpira na srednjoj vatri oko 3-4 minute sa svake strane, dok ne porumene i postanu hrskave.
d) Kuglice krumpira izvadite iz ulja i stavite ih na papirnate ubruse da se ocijede od viška ulja. Kartulipallid poslužite vruće kao prilog, predjelo ili međuobrok.
e) Mogu se poslužiti s kiselim vrhnjem, kečapom ili bilo kojim umakom po želji.

40. Estonske kriške mrkve

SASTOJCI:
- 2 veće mrkve oguljene i narezane na tanke kolutiće
- ½ šalice kiselog vrhnja
- 1 žlica svježeg kopra, nasjeckanog
- 1 žlica svježeg peršina, nasjeckanog
- Crni papar, po ukusu
- Sol, po ukusu

UPUTE:
a) Napunite lonac vodom i zakuhajte. U kipuću vodu dodajte prstohvat soli. Narezanu mrkvu umiješajte u kipuću vodu i kuhajte 2-3 minute dok ne omekša .
b) Ocijedite mrkvu i isperite je hladnom vodom kako biste zaustavili proces kuhanja. Pustite da se potpuno ohlade.
c) U odgovarajućoj posudi pomiješajte kiselo vrhnje, nasjeckani kopar, nasjeckani peršin, sol i papar. Dobro promiješajte da se sjedini. Ohlađene ploške mrkve stavite na pladanj za posluživanje.
d) Pokapajte smjesu kiselog vrhnja preko ploški mrkve tako da ih ravnomjerno prekrijete.
e) Po želji ukrasite dodatno nasjeckanim koprom i peršinom.
f) Ploške estonske mrkve poslužite s kiselim vrhnjem kao osvježavajući i zdravi međuobrok ili prilog.

41. Marinirane gljive

SASTOJCI:
- 1 kg svježih gljiva, očišćenih i prepolovljenih
- 1 manja glavica luka, tanko narezana
- 2 češnja češnjaka, mljevena
- ½ šalice bijelog vinskog octa
- ½ šalice vode
- ¼ šalice šećera u granulama
- 1 žličica soli
- 1 žličica cijelog zrna crnog papra
- 1 list lovora
- Svježi kopar, za ukras

UPUTE:
a) U prikladnoj posudi pomiješajte bijeli vinski ocat, vodu, šećer, sol, cijela zrna crnog papra i lovorov list. Ovu smjesu zakuhajte na srednjoj vatri, miješajući da se šećer i sol otope. U kipuću tekućinu umiješajte narezani luk i nasjeckani češnjak.
b) Smanjite vatru i pirjajte 5 minuta, dok luk malo ne omekša. U lonac umiješajte očišćene i prepolovljene ili četvrtine narezane gljive. Lagano promiješajte da se gljive prekriju marinadom.
c) Gljive dinstajte u marinadi 10-15 minuta, dok malo ne omekšaju, ali još uvijek čvrste na zalogaj. Maknite lonac s vatre i ostavite marinirane gljive da se ohlade na sobnoj temperaturi. Nakon što se ohlade, premjestite marinirane gljive i marinadu u čistu, hermetički zatvorenu posudu.
d) Pokrijte i ostavite u hladnjaku najmanje 24 sata kako bi se okusi stopili i razvili. Kad ste spremni za posluživanje, ocijedite marinirane gljive od marinade i prebacite ih u posudu za posluživanje.
e) Prije posluživanja ukrasite svježim koprom.

SALATE

42.Estonska krumpir salata

SASTOJCI:

- 4 velika krumpira, oguljena i narezana na kockice
- 3 tvrdo kuhana jaja nasjeckana
- ½ šalice kiselih krastavaca, sitno nasjeckanih
- ¼ šalice crvenog luka, sitno nasjeckanog
- ½ šalice majoneze
- 1 žlica Dijon senfa
- 1 žlica bijelog octa
- ½ žličice soli
- ¼ žličice crnog papra
- Svježi kopar ili peršin, za ukras (po želji)

UPUTE:

a) Kockice krumpira stavite u lonac sa slanom vodom i prokuhajte. Kuhajte dok krumpir ne omekša, otprilike 10-15 minuta.

b) Ocijedite ih i ostavite da se ohlade na sobnoj temperaturi. U odgovarajućoj posudi za miješanje pomiješajte kuhani krumpir, nasjeckana tvrdo kuhana jaja, kisele krastavce i crveni luk. U prikladnoj posudi umutiti majonezu, dijon senf, bijeli ocat, crni papar i sol za preljev. Prelijte preljev preko smjese krumpira i lagano miješajte dok svi sastojci nisu dobro obloženi preljevom.

c) Kušajte i po potrebi začinite crnim paprom i soli. Pokrijte ovu zdjelu i ostavite u hladnjaku najmanje 1 sat kako bi se okusi stopili. Kad ste spremni za posluživanje, po želji ukrasite svježim koprom ili peršinom.

d) Poslužite ohlađeno kao prilog ili kao dio švedskog stola za okupljanja. Uživajte u domaćoj estonskoj krumpir salati, klasičnom i ukusnom jelu iz Estonije!

43.Salata od cikle (Punasepeedisalat)

SASTOJCI:
- 3 srednje cikle, kuhane, oguljene i naribane
- 1 manji crveni luk, sitno nasjeckan
- ½ šalice kiselih krastavaca, sitno nasjeckanih
- ½ šalice konzerviranog graška, ocijeđenog
- 2 žlice bijelog octa
- 2 žlice biljnog ulja
- 1 žličica šećera
- ½ žličice soli
- ¼ žličice crnog papra

UPUTE:
a) U odgovarajućoj posudi za miješanje pomiješajte naribanu kuhanu ciklu, nasjeckani crveni luk, kisele krastavce i grašak iz konzerve. U prikladnoj posudi umutite bijeli ocat, biljno ulje, šećer, crni papar i sol kako biste napravili vinaigrette.
b) Prelijte vinaigrette preko mješavine cikle i lagano miješajte dok svi sastojci nisu dobro obloženi preljevom.
c) Kušajte i prema potrebi začinite solju, šećerom i crnim paprom.
d) Pokrijte ovu zdjelu i ostavite u hladnjaku najmanje 1 sat kako bi se okusi stopili. Kada je spremna za posluživanje, salatu na kraju istresite i prebacite u posudu za posluživanje. Poslužite ohlađeno kao prilog ili kao dio švedskog stola za okupljanja.
e) Uživajte u domaćoj estonskoj salati od cikle, ukusnom i živopisnom dodatku vašem obroku!

44. Salata od gljiva (Seenesalat)

SASTOJCI:
- 1 lb svježih gljiva, očišćenih i narezanih na ploške ili 1 lb mariniranih gljiva, ocijeđenih
- 1 manji crveni luk, sitno nasjeckan
- ½ šalice kiselih krastavaca, sitno nasjeckanih
- ½ šalice konzerviranog graška, ocijeđenog
- 2 žlice bijelog octa
- 2 žlice biljnog ulja
- 1 žličica šećera
- ½ žličice soli
- ¼ žličice crnog papra

UPUTE:
a) Ako koristite svježe gljive, zagrijte tavu na srednje jakoj vatri i dodajte malo ulja ili maslaca. Umiješajte narezane gljive i pirjajte dok ne otpuste vlagu i porumene. Maknite s vatre i ostavite da se ohlade na sobnoj temperaturi.
b) Ako koristite marinirane gljive, ocijedite i preskočite ovaj korak. U odgovarajućoj posudi pomiješajte kuhane ili marinirane gljive, nasjeckani crveni luk, kisele krastavce i grašak iz konzerve.
c) U prikladnoj posudi umutite bijeli ocat, biljno ulje, šećer, crni papar i sol kako biste napravili vinaigrette. Prelijte vinaigrette preko mješavine gljiva i lagano miješajte dok se svi sastojci dobro ne prekriju preljevom. Kušajte i prema potrebi začinite solju, šećerom i crnim paprom. Pokrijte ovu zdjelu i ostavite u hladnjaku najmanje 1 sat kako bi se okusi stopili.
d) Kada je spremna za posluživanje, salatu na kraju istresite i prebacite u posudu za posluživanje. Poslužite ohlađeno kao prilog ili kao dio švedskog stola za okupljanja.
e) Uživajte u domaćoj estonskoj salati od gljiva, ukusnom i zemljanom jelu koje slavi okuse gljiva!

45. Salata od krastavaca (Kurgisalat)

SASTOJCI:
- 2 srednja krastavca, tanko narezana
- 1 manji crveni luk narezan na tanke ploške
- 2 žlice bijelog octa
- 2 žlice biljnog ulja
- 1 žličica šećera
- ½ žličice soli
- ¼ žličice crnog papra
- Svježi kopar, za ukras (po želji)

UPUTE:
a) U odgovarajućoj posudi za miješanje pomiješajte krastavce narezane na tanke ploške i crveni luk. U prikladnoj posudi umutite bijeli ocat, biljno ulje, šećer, crni papar i sol kako biste napravili vinaigrette.
b) Prelijte vinaigrette preko mješavine krastavaca i luka i lagano miješajte dok svi sastojci nisu dobro obloženi preljevom. Kušajte i prema potrebi začinite solju, šećerom i crnim paprom.
c) Pokrijte ovu zdjelu i ostavite u hladnjaku najmanje 1 sat kako bi se okusi stopili. Kada je spremna za posluživanje, salatu na kraju istresite i prebacite u posudu za posluživanje.
d) Po želji ukrasite svježim koprom za dodatni okus. Poslužite ohlađeno kao osvježavajući prilog ili kao dio švedskog stola za okupljanja.
e) Uživajte u domaćoj estonskoj salati od krastavaca, jednostavnoj i ukusnoj salati koja je savršena za toplo vrijeme ili kao lagani i osvježavajući prilog svakom obroku!

46.Salata od haringe (Suitsusilli Salat)

SASTOJCI:
- 5 fileta dimljene haringe bez kože
- 2 srednja krumpira, kuhana i narezana na kockice
- 1 manji crveni luk, sitno nasjeckan
- 1 manja jabuka, oguljena i narezana na kockice
- ½ šalice konzerviranog graška, ocijeđenog
- ½ šalice majoneze
- 2 žlice kiselog vrhnja
- 1 žlica Dijon senfa
- 1 žlica svježeg soka od limuna
- Crni papar, po ukusu
- Sol, po ukusu
- Svježi kopar ili vlasac, za ukras (po želji)

UPUTE:
a) U prikladnoj posudi za miješanje narežite filete dimljene haringe na male komadiće. U zdjelu sa haringom umiješajte kuhani krumpir narezan na kockice, nasjeckani crveni luk, jabuku narezanu na kockice i grašak iz konzerve. U posebnoj zdjeli umutite majonezu, kiselo vrhnje, Dijon senf i limunov sok za preljev.

b) Prelijte preljev preko mješavine haringe i povrća i lagano miješajte dok svi sastojci ne budu dobro obloženi preljevom. Kušajte i po potrebi začinite crnim paprom i soli.

c) Pokrijte ovu zdjelu i ostavite u hladnjaku najmanje 1 sat kako bi se okusi stopili. Kada je spremna za posluživanje, salatu na kraju istresite i prebacite u posudu za posluživanje.

d) Po želji ukrasite svježim koprom ili vlascem za dodatnu svježinu i prezentaciju. Poslužite ohlađeno kao ukusno i jedinstveno predjelo ili prilog za svečane prilike .

e) Uživajte u svojoj domaćoj salati od estonske haringe, ukusnom i zadovoljavajućem jelu koje prikazuje jedinstven okus dimljene haringe!

47.Salata od mrkve (Porgandisalat)

SASTOJCI:
- 4 srednje velike mrkve, oguljene i naribane
- 1 manji crveni luk, sitno nasjeckan
- 1 manja jabuka, oguljena i naribana
- ½ šalice konzerviranog graška, ocijeđenog
- 2 žlice bijelog octa
- 2 žlice biljnog ulja
- 1 žličica šećera
- ½ žličice soli
- ¼ žličice crnog papra
- Svježi peršin ili kopar, za ukras (po želji)

UPUTE:
a) U odgovarajućoj posudi za miješanje pomiješajte naribanu mrkvu, nasjeckani crveni luk, naribanu jabuku i grašak iz konzerve.
b) U prikladnoj posudi umutite bijeli ocat, biljno ulje, šećer, crni papar i sol kako biste napravili vinaigrette. Prelijte vinaigrette preko mješavine mrkve i povrća i lagano miješajte dok svi sastojci nisu dobro obloženi preljevom.
c) Kušajte i prema potrebi začinite solju, šećerom i crnim paprom.
d) Pokrijte ovu zdjelu i ostavite u hladnjaku najmanje 1 sat kako bi se okusi stopili. Kada je spremna za posluživanje, salatu na kraju istresite i prebacite u posudu za posluživanje. Po želji ukrasite svježim peršinom ili koprom za dodatni okus i svježinu.
e) Poslužite ohlađeno kao osvježavajući prilog svakom jelu. Uživajte u domaćoj estonskoj salati od mrkve, šarenom i ukusnom prilogu koji nadopunjuje širok izbor glavnih jela!

48.Salata od kupusa (Kapsasalat)

SASTOJCI:
- 4 šalice zelenog kupusa, sitno nasjeckanog
- 1 manji crveni luk, sitno nasjeckan
- 1 manja mrkva oguljena i naribana
- 1 manja jabuka, oguljena i naribana
- 2 žlice bijelog octa
- 2 žlice biljnog ulja
- 1 žličica šećera
- ½ žličice soli
- ¼ žličice crnog papra
- Svježi peršin ili kopar, za ukras (po želji)

UPUTE:
a) U prikladnoj posudi za miješanje pomiješajte nasjeckani kupus, nasjeckani crveni luk, naribanu mrkvu i naribanu jabuku. U prikladnoj posudi umutite bijeli ocat, biljno ulje, šećer, crni papar i sol kako biste napravili vinaigrette.

b) Prelijte vinaigrette preko mješavine kupusa i povrća i lagano miješajte dok svi sastojci nisu dobro obloženi preljevom. Kušajte i prema potrebi začinite solju, šećerom i crnim paprom.

c) Pokrijte ovu zdjelu i ostavite u hladnjaku najmanje 1 sat kako bi se okusi stopili. Kada je spremna za posluživanje, salatu na kraju istresite i prebacite u posudu za posluživanje. Po želji ukrasite svježim peršinom ili koprom za dodatnu svježinu i prezentaciju. Poslužite ohlađeno kao hrskavi i osvježavajući prilog uz svako jelo.

d) Uživajte u svojoj domaćoj estonskoj kupus salati, jednostavnoj i ukusnoj salati koja nadopunjuje širok izbor glavnih jela i vašem obroku dodaje zdravu dozu povrća!

49.Salata od rajčica i krastavaca (Tomati-Kurgisalat)

SASTOJCI:
- 2 veće rajčice, narezane na kockice
- 1 veći krastavac, oguljen i narezan na kockice
- 1 manji crveni luk, sitno nasjeckan
- 2 žlice bijelog octa
- 2 žlice biljnog ulja
- 1 žličica šećera
- ½ žličice soli
- ¼ žličice crnog papra
- Svježi peršin ili kopar, za ukras (po želji)

UPUTE:
a) U odgovarajućoj posudi za miješanje pomiješajte rajčicu narezanu na kockice, krastavac narezan na kockice i nasjeckani crveni luk. U prikladnoj posudi umutite bijeli ocat, biljno ulje, šećer, crni papar i sol kako biste napravili vinaigrette.
b) Prelijte vinaigrette preko mješavine rajčice i krastavaca i lagano miješajte dok svi sastojci nisu dobro obloženi preljevom. Kušajte i prema potrebi začinite solju, šećerom i crnim paprom.
c) Pokrijte ovu zdjelu i stavite u hladnjak na najmanje 30 minuta kako bi se okusi stopili i salata ohladila. Kada je spremna za posluživanje, salatu na kraju istresite i prebacite u posudu za posluživanje.
d) Po želji ukrasite svježim peršinom ili koprom za dodatnu svježinu i prezentaciju. Poslužite ohlađeno kao lagan i osvježavajući prilog svakom jelu.
e) Uživajte u svojoj domaćoj estonskoj salati od rajčica i krastavaca, savršenoj salati za predstavljanje okusa svježih rajčica i krastavaca na jednostavan, ali ukusan način!

50.Miješana salata (Segasalat)

SASTOJCI:
- 2 srednja krumpira, oguljena i kuhana dok vilica ne omekša
- 2 srednje cikle, oguljene, kuhane dok vilice ne omekšaju i narezane na kockice
- 2 srednje mrkve, oguljene, kuhane dok vilica ne omekša i narezane na kockice
- 1 šalica smrznutog graška, odmrznutog
- 1 manji crveni luk, sitno nasjeckan
- 2 žlice bijelog octa
- 2 žlice biljnog ulja
- 1 žličica šećera
- ½ žličice soli
- ¼ žličice crnog papra
- Svježi peršin ili kopar, za ukras (po želji)

UPUTE:
a) U odgovarajućoj posudi za miješanje pomiješajte kuhani krumpir narezan na kockice, kuhanu ciklu narezanu na kockice, kuhanu mrkvu narezanu na kockice, odmrznuti grašak i nasjeckani crveni luk.
b) U prikladnoj posudi umutite bijeli ocat, biljno ulje, šećer, crni papar i sol kako biste napravili vinaigrette. Prelijte vinaigrette preko miješanog povrća i lagano miješajte dok se svi sastojci dobro ne prekriju preljevom. Kušajte i prema potrebi začinite solju, šećerom i crnim paprom.
c) Pokrijte ovu zdjelu i ostavite u hladnjaku najmanje 1 sat kako bi se okusi stopili i salata ohladila. Kada je spremna za posluživanje, salatu na kraju istresite i prebacite u posudu za posluživanje. Po želji ukrasite svježim peršinom ili koprom za dodatnu svježinu i prezentaciju.
d) Poslužite ohlađeno kao ukusan i šaren prilog ili lagano i zdravo glavno jelo.

JUHE

51. Juha od graška (Hernesupp)

SASTOJCI:
- 1 šalica sušenog žutog graška
- 1 veliki luk, nasjeckan
- 2 mrkve oguljene i narezane na kockice
- 2 krumpira oguljena i narezana na kockice
- 8 oz. dimljena svinjetina ili slanina, narezana na kockice
- 1 list lovora
- 1 žličica majčine dušice, osušene
- Crni papar, po ukusu
- Sol, po ukusu
- Svježi kopar, za ukras (po želji)

UPUTE:
a) Osušeni grašak isperite u hladnoj vodi i namočite u vodi preko noći ili najmanje 6 sati.
b) Namočeni grašak ocijedite i prebacite u odgovarajući lonac za juhu. Dodajte dovoljno vode da prekrije grašak za oko 2 inča.
c) U lonac umiješajte nasjeckani luk, mrkvu narezanu na kockice, krumpir narezan na kockice, dimljenu svinjetinu ili slaninu, lovorov list i sušeni timijan.
d) Zakuhajte juhu na srednje jakoj vatri, zatim smanjite vatru i ostavite da lagano kuha oko 1 sat, dok grašak i povrće ne omekšaju. Obilno začinite juhu crnim paprom i soli po ukusu.
e) Uklonite lovorov list i bacite ga. Poslužite vruće, po želji ukrašeno svježim koprom. Uživajte u tradicionalnoj estonskoj juhi od graška (Hernesupp)!

52. Estonska juha od pirea od bundeve

SASTOJCI:

- 1 mala bundeva (oko 2 lbs.), oguljena, bez sjemenki i nasjeckana na male kockice
- 1 veliki luk, nasjeckan
- 2 češnja češnjaka, mljevena
- 2 srednje mrkve, oguljene i nasjeckane
- 2 srednja krumpira, oguljena i nasjeckana
- 4 šalice juhe od povrća
- 1 šalica gustog vrhnja
- 2 žlice maslaca
- 1 žličica majčine dušice, osušene
- Crni papar, po ukusu
- Sol, po ukusu
- Svježi peršin, za ukras (po želji)

UPUTE:

a) U odgovarajućoj posudi otopite maslac na srednje jakoj vatri. Umiješajte nasjeckani luk i nasjeckani češnjak i pirjajte 3-4 minute dok ne omekšaju.

b) U lonac umiješajte nasjeckanu bundevu, mrkvu, krumpir i sušeni timijan. Promiješajte da se sjedini. Ulijte povrtnu juhu i zakuhajte. Smanjite vatru, poklopite lonac i pirjajte 20-25 minuta dok povrće ne omekša. Maknite lonac s vatre i pustite da se juha malo ohladi.

c) Upotrijebite potopni blender ili obični blender za pire od juhe dok ne postane glatka. Juhu vratite u lonac, umiješajte čvrsto vrhnje i promiješajte da se sjedini. Zagrijte juhu na laganoj vatri dok se ne zagrije, ali nemojte kuhati. Obilno začinite juhu crnim paprom i soli po ukusu.

d) Vruću juhu od pirea od bundeve razlijte u zdjelice i po želji ukrasite svježim peršinom. Poslužite vruće i uživajte u ukusnoj estonskoj juhi od pirea od bundeve!

53.Juha od gljiva (Seenesupp)

SASTOJCI:
- 1 lb svježih gljiva, narezanih na ploške
- 1 veliki luk, nasjeckan
- 2 češnja češnjaka, mljevena
- 3 žlice maslaca
- 3 žlice višenamjenskog brašna
- 4 šalice juhe od povrća ili gljiva
- 1 list lovora
- 1 žličica majčine dušice, osušene
- 1 šalica gustog vrhnja
- Crni papar, po ukusu
- Sol, po ukusu
- Svježi peršin, za ukras (po želji)

UPUTE:

a) U prikladnom loncu za juhu otopite maslac na srednje jakoj vatri. Umiješajte nasjeckani luk i nasjeckani češnjak te pirjajte 5-7 minuta dok luk ne omekša i postane proziran. U lonac ubacite narezane gljive i pirjajte ih još 5-7 minuta dok gljive ne ispuste tekućinu i počnu rumeniti. Pospite brašno preko gljiva i dobro promiješajte da se sjedine. Kuhajte 2-3 minute uz stalno miješanje da dobijete roux.

b) Postupno ulijevajte povrtnu juhu ili juhu od gljiva, neprestano miješajući da ne budu grudice. U lonac umiješajte lovorov list i sušeni timijan. Pustite da juha zavrije, zatim smanjite vatru i pustite da lagano kuha oko 15 minuta, dok gljive ne omekšaju i dok se okusi ne stope.

c) Uklonite lovorov list i bacite ga. Umiješajte čvrsto vrhnje i kuhajte još 5 minuta uz povremeno miješanje. Obilno začinite juhu crnim paprom i soli po ukusu.

d) Maknite lonac s vatre i pustite da se juha malo ohladi.

e) Upotrijebite potopni blender ili obični blender kako biste juhu zgnječili dok ne postane glatka, ako želite. Zagrijte juhu na laganoj vatri, ako je potrebno prije posluživanja.

f) Po želji ukrasite svježim peršinom i uživajte u ukusnoj estonskoj juhi od gljiva (Seenesupp)!

54.Estonska juha od graška (Kaalika-Hernesupp)

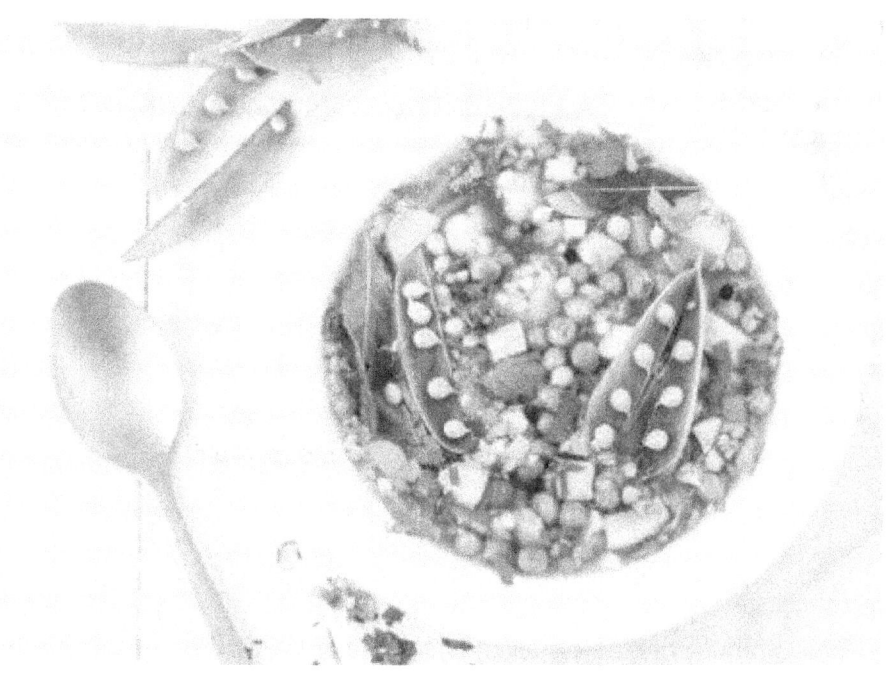

SASTOJCI:
- 1 žlica biljnog ulja
- 1 glavica luka sitno nasjeckana
- 2 češnja češnjaka, mljevena
- 1 rutabaga (oko 1 lb.), oguljena i narezana na kockice
- 1 šalica smrznutog graška
- 6 šalica juhe od povrća
- 2 lista lovora
- 1 žličica majčine dušice, osušene
- ½ žličice sušenog mažurana
- Crni papar, po ukusu
- Sol, po ukusu
- Svježi peršin, za ukras
- Kiselo vrhnje ili jogurt, za posluživanje (po želji)

UPUTE:

a) Zagrijte biljno ulje u odgovarajućoj posudi na srednje jakoj vatri. Umiješajte nasjeckani luk i nasjeckani češnjak te pirjajte 2-3 minute dok ne omekšaju. U lonac umiješajte narezanu rutabagu i smrznuti grašak te kuhajte još 2-3 minute. Ulijte povrtnu juhu, te umiješajte lovor, sušeni timijan i sušeni mažuran.

b) Začinite crnim paprom i soli po ukusu. Pustite da juha zavrije, zatim smanjite vatru i ostavite da lagano kuha oko 30-40 minuta, dok rutabaga ne omekša. Uklonite listove lovora i bacite. Kušajte i prilagodite začine po potrebi. Estonski Kaalika-Hernesupp poslužite vruć, ukrašen svježim peršinom. Po želji, juhu možete poslužiti s malo kiselog vrhnja ili jogurta na vrhu za dodatnu kremastost.

c) Uživajte u ukusnoj estonskoj juhi od rutabage i graška!

55.Riblja juha (Kalasupp)

SASTOJCI:
- 1 lb filea bijele ribe, poput bakalara ili bakalara, narezanih na komade veličine zalogaja
- 1 veliki luk, nasjeckan
- 2 mrkve oguljene i narezane na kockice
- 2 krumpira oguljena i narezana na kockice
- 1 poriluk očišćen i narezan
- 2 žlice maslaca
- 4 šalice riblje ili povrtne juhe
- 1 list lovora
- 1 žličica majčine dušice, osušene
- 1 šalica gustog vrhnja
- Crni papar, po ukusu
- Sol, po ukusu
- Svježi kopar, za ukras (po želji)

UPUTE:
a) U prikladnom loncu za juhu otopite maslac na srednje jakoj vatri. Umiješajte nasjeckani luk, mrkvu narezanu na kockice, krumpir narezan na kockice i poriluk narezan na ploške, te pirjajte 5-7 minuta, dok povrće ne omekša. U lonac ubacite riblje filete i pirjajte ih još 2-3 minute dok ne budu djelomično pečeni.

b) Ulijte riblju ili povrtnu juhu te u lonac umiješajte lovorov list i sušeni timijan. Pustite da juha zavrije, zatim smanjite vatru i ostavite da lagano kuha oko 15 minuta, dok riba i povrće ne budu potpuno kuhani i omekšani.

c) Uklonite lovorov list i bacite ga. Umiješajte čvrsto vrhnje i kuhajte još 5 minuta uz povremeno miješanje. Obilno začinite juhu crnim paprom i soli po ukusu. Maknite lonac s vatre i pustite da se juha malo ohladi.

d) Upotrijebite potopni blender ili obični blender kako biste juhu zgnječili dok ne postane glatka, ako želite. Zagrijte juhu na laganoj vatri ako je potrebno prije posluživanja.

e) Po želji ukrasite svježim koprom i uživajte u svojoj ukusnoj estonskoj ribljoj juhi (Kalasupp)!

56. Juha od cikle (Borsisupp)

SASTOJCI:
- 2 srednje cikle, oguljene i naribane
- 1 srednja glavica luka, nasjeckana
- 2 mrkve oguljene i naribane
- 2 krumpira oguljena i narezana na kockice
- 1 žlica maslaca
- 4 šalice goveđe ili povrtne juhe
- 2 lista lovora
- 1 žličica majčine dušice, osušene
- 2 žlice paste od rajčice
- 2 žlice crvenog vinskog octa
- 2 žlice šećera
- Crni papar, po ukusu
- Sol, po ukusu
- Kiselo vrhnje, za posluživanje
- Svježi kopar, za ukras (po želji)

UPUTE:
a) U prikladnom loncu za juhu otopite maslac na srednje jakoj vatri. Umiješajte nasjeckani luk i pirjajte ga 3-4 minute dok ne omekša. U lonac umiješajte naribanu ciklu, naribanu mrkvu i krumpir narezan na kockice te pirjajte još 3-4 minute.

b) Ulijte goveđu ili povrtnu juhu i u lonac umiješajte lovorov list, sušeni timijan, pastu od rajčice, crveni vinski ocat i šećer. Pustite da juha zavrije, zatim smanjite vatru i ostavite da lagano kuha oko 30 minuta, dok povrće ne bude potpuno kuhano i omekšano.

c) Uklonite listove lovora i bacite. Obilno začinite juhu crnim paprom i soli po ukusu.

d) Maknite lonac s vatre i pustite da se juha malo ohladi.

e) Upotrijebite potopni blender ili obični blender kako biste juhu zgnječili dok ne postane glatka, ako želite. Zagrijte juhu na laganoj vatri ako je potrebno prije posluživanja.

f) Poslužite juhu od cikle vruću, po želji ukrašenu malom kiselim vrhnjem i svježim koprom. Uživajte u svojoj ukusnoj estonskoj juhi od cikle (Boršisupp) njene jarke boje i bogatog okusa!

57. Tradicionalna juha od kiselog kupusa (Hapukapsasupp)

SASTOJCI:
- 2 šalice kiselog kupusa, isprati i ocijediti
- 1 velika glavica luka sitno nasjeckana
- 2 srednje mrkve, oguljene i naribane
- 2 srednja krumpira, oguljena i narezana na kockice
- 2 žlice biljnog ulja
- 1 žlica paste od rajčice
- 1 list lovora
- 1 žličica sjemenki kima
- 1 žličica majčine dušice, osušene
- 4 šalice povrtne ili goveđe juhe
- 2 šalice vode
- Crni papar, po ukusu
- Sol, po ukusu
- Kiselo vrhnje, za posluživanje
- Svježi peršin, za ukras (po želji)

UPUTE:
a) Zagrijte biljno ulje u odgovarajućoj posudi za juhu na srednje jakoj vatri. Umiješajte nasjeckani luk i pirjajte ga 3-4 minute dok ne omekša.
b) U lonac umiješajte naribanu mrkvu i krumpir narezan na kockice te pirjajte još 3-4 minute. Umiješajte kiseli kupus, pastu od rajčice, lovorov list, sjemenke kima i sušeni timijan.
c) Kuhajte još 2-3 minute uz povremeno miješanje. Ulijte povrtnu ili goveđu juhu i u lonac umiješajte vodu. Pustite da juha zavrije, zatim smanjite vatru i ostavite da lagano kuha oko 30-40 minuta, dok povrće ne bude potpuno kuhano i omekšano.
d) Uklonite lovorov list i bacite ga. Obilno začinite juhu crnim paprom i soli po ukusu. Maknite lonac s vatre i pustite da se juha malo ohladi. Zagrijte juhu na laganoj vatri, ako je potrebno prije posluživanja.
e) Juhu od kiselog kupusa poslužite toplu, po želji ukrašenu vrhnjem i svježim peršinom. Uživajte u ukusnoj estonskoj juhi od kiselog kupusa (Hapukapsasupp) s njezinim pikantnim i izdašnim okusima!

58.Juha od ječma (Odrasupp)

SASTOJCI:
- 1 šalica bisernog ječma
- 1 velika glavica luka sitno nasjeckana
- 2 srednje mrkve, oguljene i narezane na kockice
- 2 srednja krumpira, oguljena i narezana na kockice
- 2 žlice biljnog ulja
- 1 list lovora
- 1 žličica majčine dušice, osušene
- 4 šalice povrtne ili goveđe juhe
- 4 šalice vode
- Crni papar, po ukusu
- Sol, po ukusu
- Svježi peršin, za ukras (po želji)

UPUTE:

a) Isperite biserni ječam pod hladnom vodom i ocijedite. Zagrijte biljno ulje u odgovarajućoj posudi za juhu na srednje jakoj vatri. Umiješajte nasjeckani luk i pirjajte ga 3-4 minute dok ne omekša. U lonac umiješajte mrkvu i krumpir narezane na kockice, te pirjajte još 3-4 minute.

b) Umiješajte biserni ječam, lovorov list i sušeni timijan.

c) Kuhajte još 2-3 minute uz povremeno miješanje. Ulijte povrtnu ili goveđu juhu i u lonac umiješajte vodu.

d) Pustite da juha zavrije, zatim smanjite vatru i pustite da lagano kuha oko 45-60 minuta, dok ječam i povrće ne budu potpuno kuhani i omekšani.

e) Uklonite lovorov list i bacite ga. Obilno začinite juhu crnim paprom i soli po ukusu. Maknite lonac s vatre i pustite da se juha malo ohladi.

f) Zagrijte juhu na laganoj vatri, ako je potrebno prije posluživanja. Ječmenu juhu poslužite vrućU, po želji ukrašenu svježim peršinom.

g) Uživajte u ukusnoj estonskoj juhi od ječma (Odrasupp) s njezinim izdašnim i zdravim okusima!

59.Juha od kupusa

SASTOJCI:
- 1 manja glavica kupusa nasjeckanog
- 1 velika glavica luka sitno nasjeckana
- 2 mrkve oguljene i naribane
- 2 krumpira oguljena i narezana na kockice
- 1 žlica biljnog ulja
- 4 šalice juhe od povrća
- 1 list lovora
- 1 žličica majčine dušice, osušene
- Crni papar, po ukusu
- Sol, po ukusu
- Svježi peršin, za ukras
- Kiselo vrhnje, za posluživanje (po želji)

UPUTE:
a) Zagrijte biljno ulje u odgovarajućoj posudi na srednje jakoj vatri. U lonac umiješajte nasjeckani luk i naribanu mrkvu te pirjajte 5 minuta dok povrće ne omekša.
b) U lonac umiješajte nasjeckani kupus i kuhajte još 5 minuta uz povremeno miješanje. U lonac umiješajte krumpir narezan na kockice, juhu od povrća, lovorov list, sušeni timijan, sol i papar. Zakuhajte ovu smjesu.
c) Smanjite vatru i pustite da se juha kuha oko 20-25 minuta, dok povrće ne omekša. Izvadite lovorov list iz juhe i bacite ga.
d) Kušajte juhu i po potrebi začinite crnim paprom i soli. Poslužite vruće, ukrašeno svježim peršinom.

60. Estonska juha od kiselog kupusa (Hapukapsasupp)

SASTOJCI:
- 1 šalica kiselog kupusa
- 1 velika glavica luka sitno nasjeckana
- 2 mrkve oguljene i naribane
- 2 krumpira oguljena i narezana na kockice
- 1 žlica biljnog ulja
- 4 šalice juhe od povrća ili mesa
- 1 list lovora
- 1 žličica majčine dušice, osušene
- Crni papar, po ukusu
- Sol, po ukusu
- Svježi peršin, za ukras
- Kiselo vrhnje, za posluživanje (po želji)

UPUTE:
a) Kiseli kupus isperite pod hladnom vodom da uklonite višak salamure i ocijedite. Zagrijte biljno ulje u odgovarajućoj posudi na srednje jakoj vatri. U lonac umiješajte nasjeckani luk i naribanu mrkvu te pirjajte 5 minuta dok povrće ne omekša.
b) U lonac umiješajte kiseli kupus, krumpir narezan na kockice, povrtnu ili mesnu juhu, lovorov list, sušenu majčinu dušicu, sol i papar. Zakuhajte ovu smjesu.
c) Smanjite vatru i pustite da se juha kuha oko 20-25 minuta, dok povrće ne omekša. Izvadite lovorov list iz juhe i bacite ga.
d) Kušajte juhu i po potrebi začinite crnim paprom i soli. Poslužite vruće, ukrašeno svježim peršinom.
e) Po želji, možete poslužiti s malo kiselog vrhnja na vrhu. Uživajte u svojoj ukusnoj estonskoj juhi od kiselog kupusa!

GLAVNA JELA

61.Gulaš od svinjetine i kiselog kupusa (Seakapsahautis)

SASTOJCI:
- 1 lb svinjske lopatice, narezane na kocke
- 1 glavica luka sitno nasjeckana
- 2 češnja češnjaka, mljevena
- 2 šalice kiselog kupusa, ocijeđenog
- 2 krumpira, oguljena i narezana na kockice
- 2 mrkve oguljene i narezane na kockice
- 2 lista lovora
- 1 žličica sjemenki kima
- 1 žličica soli
- ½ žličice crnog papra
- 2 šalice goveđe ili povrtne juhe
- 1 žlica biljnog ulja
- 1 žlica maslaca
- Svježi peršin, za ukras

UPUTE:
a) Zagrijte biljno ulje i maslac u prikladnom loncu ili pećnici na srednje jakoj vatri. Umiješajte svinjetinu narezanu na kockice i pecite dok ne porumeni sa svih strana. Izvadite svinjetinu iz lonca i ostavite sa strane. U istom loncu promiješajte nasjeckani luk i nasjeckani češnjak. Kuhajte dok luk ne omekša i postane proziran.
b) U lonac umiješajte kiseli kupus, krumpir, mrkvu, lovor, sjemenke kima, crni papar i sol. Dobro promiješajte da se sjedini. Umiješajte zapečenu svinjetinu natrag u lonac, zajedno s goveđom ili povrtnom juhom. Pustite da prokuha.
c) Smanjite vatru na najnižu, poklopite lonac i pirjajte oko 1 sat dok svinjetina ne omekša i povrće se skuha. Kušajte i po potrebi začinite s još crnog papra i soli. Uklonite listove lovora i bacite. Poslužite vruće, ukrašeno svježim peršinom. Uživajte u svom ukusnom estonskom gulašu od svinjetine i kiselog kupusa! To je utješno i aromatično jelo koje je savršeno za hladno vrijeme ili kad god poželite obilnog obroka.

62.Goveđi paprikaš (Hakklihahautis)

SASTOJCI:
- 1 lb mljevene govedine
- 1 glavica luka sitno nasjeckana
- 2 češnja češnjaka, mljevena
- 2 mrkve oguljene i narezane na kockice
- 2 krumpira, oguljena i narezana na kockice
- 2 lista lovora
- 1 žličica majčine dušice, osušene
- 1 žličica paprike
- 1 žličica soli
- ½ žličice crnog papra
- 2 šalice goveđe juhe
- 1 žlica biljnog ulja
- 1 žlica maslaca
- Svježi peršin, za ukras

UPUTE:
a) Zagrijte biljno ulje i maslac u prikladnom loncu ili pećnici na srednje jakoj vatri. Umiješajte nasjeckani luk i nasjeckani češnjak.
b) Kuhajte dok luk ne omekša i postane proziran. U lonac umiješajte mljevenu govedinu i kuhajte, lomeći je žlicom, dok ne porumeni.
c) U lonac umiješajte mrkvu narezanu na kockice, krumpir narezan na kockice, lovor, sušeni timijan, papriku, crni papar i sol. Dobro promiješajte da se sjedini.
d) U lonac umiješajte goveđu juhu i zakuhajte. Smanjite vatru, poklopite lonac i pirjajte oko 30-40 minuta dok povrće ne omekša.
e) Kušajte i po potrebi začinite s još crnog papra i soli. Uklonite listove lovora i bacite. Poslužite vruće, ukrašeno svježim peršinom.
f) Uživajte u ukusnom estonskom goveđem paprikašu! To je ugodno i aromatično jelo koje je savršeno za obilan obrok. Poslužite uz kruh ili pire krumpir za kompletan obrok.

63.Gulaš od piletine i povrća

SASTOJCI:

- 1 lb pilećih prsa ili bataka bez kostiju i kože, narezanih na kockice
- 1 glavica luka sitno nasjeckana
- 2 mrkve oguljene i narezane na kockice
- 2 krumpira, oguljena i narezana na kockice
- 1 pastrnjak, oguljen i narezan na kockice
- 2 stabljike celera, narezane na kockice
- 2 lista lovora
- 1 žličica majčine dušice, osušene
- 1 žličica paprike
- 1 žličica soli
- ½ žličice crnog papra
- 2 šalice pileće juhe
- 1 žlica biljnog ulja
- 1 žlica maslaca
- Svježi peršin, za ukras

UPUTE:

a) Zagrijte biljno ulje i maslac u prikladnom loncu ili pećnici na srednje jakoj vatri. U lonac umiješajte nasjeckani luk i kuhajte dok ne omekša i postane proziran. U lonac umiješajte piletinu narezanu na kockice i pecite dok ne porumeni sa svih strana.

b) U lonac umiješajte mrkvu narezanu na kockice, krumpir narezan na kockice, pastrnjak narezan na kockice, celer narezan na kockice, lovor, sušeni timijan, papriku, crni papar i sol. Dobro promiješajte da se sjedini. U lonac umiješajte pileću juhu i zakuhajte.

c) Smanjite vatru na nisku, poklopite lonac i pirjajte oko 30-40 minuta dok povrće ne omekša, a piletina se skuha.

d) Kušajte i po potrebi začinite s još crnog papra i soli. Uklonite listove lovora i bacite. Poslužite vruće, ukrašeno svježim peršinom.

e) Uživajte u ukusnom estonskom gulašu od piletine i povrća! To je ugodno i hranjivo jelo koje je savršeno za obilan obrok. Poslužite uz kruh ili rižu za potpuni obrok.

64.Varivo od graha (Oa- Või Hernesupp)

SASTOJCI:
- 2 šalice suhog graha (bijelog graha, graha ili graha), namočenog preko noći i ocijeđenog
- 1 glavica luka sitno nasjeckana
- 2 mrkve oguljene i narezane na kockice
- 2 krumpira oguljena i narezana na kockice
- 2 stabljike celera, narezane na kockice
- 2 češnja češnjaka, mljevena
- 2 lista lovora
- 1 žličica majčine dušice, osušene
- 1 žličica soli
- ½ žličice crnog papra
- 4 šalice juhe od povrća
- 1 šalica pirea od rajčice
- Svježi peršin, za ukras

UPUTE:
a) U prikladnom loncu ili pećnici zagrijte malo ulja ili maslaca na srednje jakoj vatri. U lonac umiješajte nasjeckani luk, mrkvu narezanu na kockice, celer i nasjeckani češnjak.
b) Kuhajte dok povrće ne omekša .
c) U lonac umiješajte namočeni i ocijeđeni grah, krumpir narezan na kockice, lovor, sušeni timijan, sol, crni papar, juhu od povrća i pire od rajčice.
d) Dobro promiješajte da se sjedini. Zakuhajte ovu smjesu, zatim smanjite vatru na nisku, pokrijte lonac i kuhajte oko 1 do 1 ½ sat, dok se grah ne skuha i omekša.
e) Prije posluživanja varivu izvadite lovor. Kušajte i po potrebi začinite s još crnog papra i soli. Poslužite vruće, ukrašeno svježim peršinom.

65.Estonski lonac od riže s gljivama (Seeneriis)

SASTOJCI:
- 1 šalica bijele riže dugog zrna
- 2 šalice vode
- ½ žličice soli
- 4 žlice maslaca
- 1 srednja glavica luka, sitno nasjeckana
- 8 unci svježih gljiva, narezanih
- ½ žličice majčine dušice, osušene
- ½ žličice sušenog mažurana
- ½ žličice soli
- ¼ žličice crnog papra
- 2 žlice višenamjenskog brašna
- 2 šalice mlijeka
- 1 šalica ribanog sira (kao što je gauda, cheddar ili švicarski)
- Svježi peršin, nasjeckani (po želji)

UPUTE:

a) Zagrijte pećnicu na 350°F. Namastite posudu za pečenje 9x13 inča i ostavite sa strane. U loncu pomiješajte rižu, vodu i ½ žličice soli.

b) Pustite da zavrije na srednjoj vatri, zatim smanjite vatru na nisku, pokrijte posudu i kuhajte oko 15 minuta dok se riža ne skuha i voda ne upije. U odgovarajućoj tavi rastopite maslac na srednje jakoj vatri. Umiješajte nasjeckani luk i kuhajte oko 5 minuta dok ne omekša. U tavu umiješajte narezane gljive, sušeni timijan, sušeni mažuran, ½ žličice crnog papra i sol.

c) Kuhajte još 5 minuta dok gljive ne omekšaju. Umiješajte brašno i kuhajte 1 minutu uz stalno miješanje. Postupno umiješajte mlijeko uz stalno miješanje da ne budu grudice. Kuhajte 5 minuta dok se umak ne zgusne. Umiješajte kuhanu rižu i polovicu naribanog sira. Dobro promiješajte. Ulijte smjesu riže i gljiva u pripremljenu posudu za pečenje. Po vrhu pospite preostali naribani sir.

d) Pecite u prethodno zagrijanoj pećnici 25-30 minuta dok složenac ne postane mjehurić, a sir se otopi i postane zlatan na vrhu. Izvadite iz pećnice i ostavite da se ohladi nekoliko minuta prije posluživanja.

e) Po želji ukrasite nasjeckanim svježim peršinom. Poslužite vruće i uživajte!

66. Estonski lonac od kupusa i riže (Kapsa-Riisivorm)

SASTOJCI:
- 1 manja glavica kupusa nasjeckanog
- 1 šalica bijele riže dugog zrna
- 2 šalice vode
- ½ žličice soli
- 4 žlice maslaca
- 1 srednja glavica luka, sitno nasjeckana
- 2 češnja češnjaka, mljevena
- 1 žličica sjemenki kima
- ½ žličice crnog papra
- ½ žličice paprike
- ¼ žličice muškatnog oraščića
- ½ žličice soli
- 2 žlice višenamjenskog brašna
- 2 šalice mlijeka
- 1 šalica ribanog sira (kao što je gauda, cheddar ili švicarski)
- Svježi peršin, nasjeckani (po želji)

UPUTE:

a) Zagrijte pećnicu na 350°F. Namastite posudu za pečenje 9x13 inča i ostavite sa strane. U odgovarajućoj posudi kipuće vode blanširajte narezani kupus 5 minuta. Ocijedite i ostavite sa strane.
b) U loncu pomiješajte rižu, vodu i ½ žličice soli.
c) Pustite da zavrije na srednjoj vatri, zatim smanjite vatru na nisku, pokrijte posudu i kuhajte oko 15 minuta dok se riža ne skuha i voda ne upije. U odgovarajućoj tavi rastopite maslac na srednje jakoj vatri.
d) Umiješajte nasjeckani luk i kuhajte oko 5 minuta dok ne omekša.
e) U tavu umiješajte nasjeckani češnjak, sjemenke kima, crni papar, papriku, muškatni oraščić i ½ žličice soli. Kuhajte još 2-3 minute. Umiješajte brašno i kuhajte 1 minutu uz stalno miješanje.
f) Postupno umiješajte mlijeko uz stalno miješanje da ne budu grudice. Kuhajte 5 minuta dok se umak ne zgusne. Umiješajte blanširani kupus i kuhanu rižu. Dobro promiješajte. Ulijte mješavinu kupusa i riže u pripremljenu posudu za pečenje. Po vrhu pospite naribani sir.
g) Pecite u prethodno zagrijanoj pećnici 25-30 minuta dok složenac ne postane mjehurić, a sir se otopi i postane zlatan na vrhu. Izvadite iz pećnice i ostavite da se ohladi nekoliko minuta prije posluživanja.
h) Po želji ukrasite nasjeckanim svježim peršinom. Poslužite vruće i uživajte!

67. Estonsko prženje riže i povrća (Riis Ja Köögiviljad Wokis)

SASTOJCI:
- 2 šalice kuhane bijele riže
- 1 šalica miješanog povrća (kao što su mrkva, paprika, grašak, kukuruz itd.), nasjeckanog
- 1 manja glavica luka sitno nasjeckana
- 2 češnja češnjaka, mljevena
- 2 žlice biljnog ulja
- 2 žlice soja umaka
- 1 žlica umaka od kamenica (po želji)
- ½ žličice soli
- ¼ žličice crnog papra
- Svježi cilantro ili peršin, nasjeckani (po želji)

UPUTE:

a) Zagrijte biljno ulje u woku ili velikoj tavi na jakoj vatri. Ubacite nasjeckani luk i nasjeckani češnjak u wok i uz miješanje pržite 1-2 minute dok ne zamiriši. Ubacite miješano povrće u wok i uz miješanje pržite još 2-3 minute dok malo ne omekša. Kuhanu rižu ubacite u wok i uz stalno miješanje pržite još 2-3 minute da se ne zalijepi.

b) Umiješajte umak od soje i umak od kamenica (ako koristite) u wok i pržite uz miješanje još jednu minutu, dok se umak dobro ne rasporedi, a riža i povrće ravnomjerno oblože. Začinite crnim paprom i soli po ukusu.

c) Prilagodite začine prema svojim željama. Maknite s vatre i prebacite u posudu za posluživanje. Po želji ukrasite svježim cilantrom ili peršinom.

d) Poslužite vruće i uživajte u estonskom prženju riže i povrća!

68. Estonski pečeni krumpir u pećnici (Ahjukartulid)

SASTOJCI:
- 5 velikih krumpira, oguljenih i izrezanih na male kockice
- 1 velika glavica luka sitno nasjeckana
- 2 češnja češnjaka, mljevena
- 3 žlice biljnog ulja
- 1 žličica majčine dušice, osušene
- 1 žličica paprike
- Crni papar, po ukusu
- Sol, po ukusu
- Svježi peršin, za ukras (po želji)

UPUTE:
a) Zagrijte pećnicu na 400°F. U prikladnu zdjelu pomiješajte kockice krumpira s nasjeckanim lukom, nasjeckanim češnjakom, biljnim uljem, sušenom majčinom dušicom, paprikom, soli i paprom.
b) Provjerite je li krumpir ravnomjerno obložen mješavinom začina. Začinjene krumpire prebacite u posudu za pečenje ili lim obložen papirom za pečenje, rasporedite ih u ravnomjernom sloju.
c) Pecite krumpir u zagrijanoj pećnici 25-30 minuta, dok izvana ne porumeni i postane hrskav, a iznutra mekan. Tijekom pečenja krumpire povremeno promiješajte kako biste bili ravnomjerno pečeni. Izvadite krumpire iz pećnice i ostavite da se malo ohlade.
d) Po želji ukrasite svježim peršinom i poslužite vruće kao ukusan prilog ili međuobrok.
e) Uživajte u svom ukusnom estonskom krumpiru pečenom u pećnici!

69.Vegegie umak od mljevenog mesa

SASTOJCI:
- 1 žlica biljnog ulja
- 1 glavica luka sitno nasjeckana
- 2 češnja češnjaka, mljevena
- 1 mrkva oguljena i naribana
- 1 manja tikvica, naribana
- 1 šalica teksturiranih biljnih proteina (TVP) ili mljevenog povrća
- 2 šalice juhe od povrća
- 1 žlica paste od rajčice
- 1 žličica paprike
- ½ žličice majčine dušice, osušene
- ½ žličice origana, osušenog
- 1 list lovora
- ½ šalice pirea od rajčice
- 1 žlica soja umaka
- Crni papar, po ukusu
- Sol, po ukusu
- Svježi peršin, za ukras

UPUTE:
a) Zagrijte biljno ulje u odgovarajućoj tavi ili loncu na srednje jakoj vatri. Umiješajte nasjeckani luk i nasjeckani češnjak te pirjajte 2-3 minute dok ne omekšaju. Umiješajte naribanu mrkvu i tikvicu, te kuhajte još 2-3 minute dok ne počnu omekšati.
b) U tavu umiješajte teksturirane biljne proteine (TVP) ili mljeveno povrće i kuhajte 2-3 minute dok lagano ne porumene.
c) Pomiješajte povrtnu juhu, pastu od rajčice, papriku, sušeni timijan, sušeni origano, lovorov list, pire od rajčice i sojin umak. Začinite crnim paprom i soli po ukusu.
d) Zakuhajte ovu smjesu, zatim smanjite vatru i ostavite da lagano kuha 15-20 minuta uz povremeno miješanje. Uklonite lovorov list i bacite ga. Kušajte i prilagodite začine po potrebi.
e) Estonski vegetarijanski umak od mljevenog mesa poslužite vruć uz pire krumpir, rižu ili tjesteninu. Prije posluživanja ukrasite svježim peršinom. Uživajte u svom ukusnom umaku od mljevenog povrća!

70.Kõrvitsakotletid

SASTOJCI:
- 2 šalice bundeve, naribane
- 1 manja glavica luka sitno nasjeckana
- 2 češnja češnjaka, mljevena
- ½ šalice višenamjenskog brašna
- 2 jaja
- 1 žličica praška za pecivo
- 1 žličica soli
- ½ žličice crnog papra
- ½ žličice majčine dušice, osušene
- ¼ žličice mljevenog muškatnog oraščića
- ¼ žličice paprike
- Ulje, za prženje

UPUTE:

a) Stavite naribanu bundevu u čistu kuhinjsku krpu ili gazu i ocijedite suvišnu vlagu. U odgovarajućoj posudi za miješanje pomiješajte naribanu bundevu, nasjeckani luk, nasjeckani češnjak, brašno, jaja, prašak za pecivo, sol, papar, timijan, muškatni oraščić i papriku. Dobro izmiješajte da dobijete gustu smjesu.

b) Zagrijte oko ¼ inča ulja u tavi na srednje jakoj vatri. U vrelo ulje ubacivati žličnjake tijesta od bundeve i lagano ih spljoštiti stražnjom stranom žlice i oblikovati pljeskavice. Pržite pljeskavice 3-4 minute sa svake strane, dok ne porumene i postanu hrskave.

c) Izvadite polpete iz tave i stavite ih na tanjur obložen papirnatim ručnikom da se ocijedi višak ulja. Ponovite postupak s preostalim tijestom, po potrebi dodajte još ulja u tavu.

d) Poslužite estonski Kõrvitsakotletid vruć kao prilog ili međuobrok. Uživajte u ukusnim estonskim pljeskavicama od bundeve!

71. Pajaroog

SASTOJCI:
- 1 lb govedine, narezane na kocke
- 1 velika glavica luka sitno nasjeckana
- 2 mrkve oguljene i narezane na kockice
- 2 krumpira oguljena i narezana na kockice
- 1 šalica goveđe juhe
- 1 šalica gustog vrhnja
- 2 žlice brašna
- 2 žlice maslaca
- 2 žlice biljnog ulja
- Crni papar, po ukusu
- Sol, po ukusu
- Svježi peršin, za ukras

UPUTE:

a) Zagrijte pećnicu na 350°F. U prikladnom loncu ili vatrostalnoj posudi zagrijte biljno ulje i maslac na srednje jakoj vatri. Umiješajte goveđe kocke i pržite sa svih strana dok ne porumene. Izvadite govedinu iz lonca i ostavite sa strane. U istom loncu promiješajte nasjeckani luk i mrkvu.

b) Kuhajte dok povrće ne omekša, oko 5 minuta. Umiješajte brašno i kuhajte još 2-3 minute, dok brašno lagano ne porumeni. Postupno umiješajte goveđu juhu i vrhnje, neprestano miješajući da ne budu grudice.

c) U lonac umiješajte krumpir narezan na kockice i pržene goveđe kockice. Začinite crnim paprom i soli po ukusu. Zagrijte ovu smjesu do vrenja, zatim pokrijte lonac poklopcem i stavite u prethodno zagrijanu pećnicu.

d) Pecite oko 1,5 do 2 sata, dok govedina ne omekša i povrće ne bude kuhano.

e) Izvadite iz pećnice i ostavite lonac da odstoji nekoliko minuta prije posluživanja. Po želji ukrasite svježim peršinom i poslužite vruće.

72. Estonske goveđe mesne okruglice (Lihapallid)

SASTOJCI:
- 1 lb mljevene govedine
- 1 manja glavica luka sitno nasjeckana
- 1 režanj češnjaka, samljeven
- 1 jaje
- ½ šalice krušnih mrvica
- ¼ šalice mlijeka
- 1 žlica svježeg peršina, sitno nasjeckanog
- 1 žličica soli
- ½ žličice crnog papra
- ½ žličice paprike
- ¼ žličice mljevene pimente
- ¼ žličice mljevenog muškatnog oraščića
- 2 žlice biljnog ulja, za prženje

UPUTE:
a) U odgovarajućoj posudi za miješanje pomiješajte mljevenu junetinu, nasjeckani luk, nasjeckani češnjak, jaje, krušne mrvice, mlijeko, peršin, sol, papar, papriku, piment i muškatni oraščić. Dobro izmiješajte dok se svi sastojci dobro ne sjedine.

b) Od ove smjese rukama oblikujte male mesne okruglice. U odgovarajućoj tavi zagrijte biljno ulje na srednje jakoj vatri.

c) Ubacite mesne okruglice u tavu i kuhajte oko 5-7 minuta, povremeno ih okrećući, dok ne porumene sa svih strana i dok se ne ispeku.

d) Nakon što su mesne okruglice pečene, izvadite ih iz tave i stavite na tanjur obložen papirnatim ručnikom da upije sav višak ulja.

e) Poslužite estonske goveđe mesne okruglice vruće uz omiljeni prilog, poput pire krumpira, riže ili povrća.

73. Estonske goveđe rolade (Räimerullid)

SASTOJCI:
- 4 tanke goveđe kriške (odrezak s boka ili pečenica), oko 8 oz. svaki
- 4 kriške slanine
- 1 manja glavica luka sitno nasjeckana
- 1 režanj češnjaka, samljeven
- 2 žlice biljnog ulja
- 2 žlice Dijon senfa
- 4 manja kisela krastavca (kornišona), prepolovljena po dužini
- Crni papar, po ukusu
- Sol, po ukusu

UPUTE:
a) Položite goveđe kriške na ravnu površinu i začinite crnim paprom i soli po ukusu. U odgovarajućoj tavi zagrijte biljno ulje na srednje jakoj vatri. Umiješajte nasjeckani luk i nasjeckani češnjak i pirjajte dok ne omekšaju, oko 3-4 minute.

b) Na svaku goveđu plošku stavite plošku slanine, odgovarajuću žlicu pirjane mješavine luka i češnjaka te pola kiselog krastavca. Čvrsto smotajte goveđe kriške, uvlačeći ih sa strane dok idete, i pričvrstite ih čačkalicama da rolade drže zajedno. Zagrijte odgovarajuću tavu na srednje jakoj vatri. Po potrebi dodajte malo biljnog ulja.

c) Pažljivo stavite goveđe rolade u vruću tavu i pržite sa svih strana dok ne porumene, oko 2-3 minute po strani. Smanjite vatru i nastavite kuhati rolade još 10-15 minuta, povremeno ih okrećući, dok ne budu pečene do željene razine pečenja.

d) Izvadite goveđe rolade iz tave i ostavite ih nekoliko minuta prije nego im izvadite čačkalice i narežete ih poprečno na kolutiće.

e) Poslužite estonske goveđe rolade vruće uz omiljeni prilog, kao što su pečeni krumpir, povrće kuhano na pari ili pire krumpir.

74. Estonske goveđe pljeskavice (Hakklihakotletid)

SASTOJCI:
- 1 lb mljevene govedine
- 1 manja glavica luka sitno nasjeckana
- 2 češnja češnjaka, mljevena
- 1 jaje
- ½ šalice krušnih mrvica
- ½ žličice soli
- ¼ žličice crnog papra
- ¼ žličice paprike
- 2 žlice biljnog ulja, za prženje

UPUTE:
a) U odgovarajućoj posudi za miješanje pomiješajte mljevenu junetinu, nasjeckani luk, nasjeckani češnjak, jaje, krušne mrvice, sol, crni papar i papriku.
b) Dobro izmiješajte dok se svi sastojci ravnomjerno ne sjedine. Goveđu smjesu oblikujte u pljeskavice, promjera oko 2-3 inča i debljine ½ inča.
c) Zagrijte biljno ulje u tavi na srednje jakoj vatri. Ubacite goveđe polpete na vruću tavu i pecite 3-4 minute sa svake strane, dok se ne ispeku i dobiju zlatnu koricu izvana.
d) Kuhane goveđe pljeskavice prebacite na tanjur obložen papirnatim ručnikom da se ocijedi višak ulja.
e) Poslužite estonske goveđe pljeskavice vruće uz omiljeni prilog, poput pire krumpira, povrća kuhanog na pari ili svježe salate.

75. Estonska rolana haringa (Räimerullid)

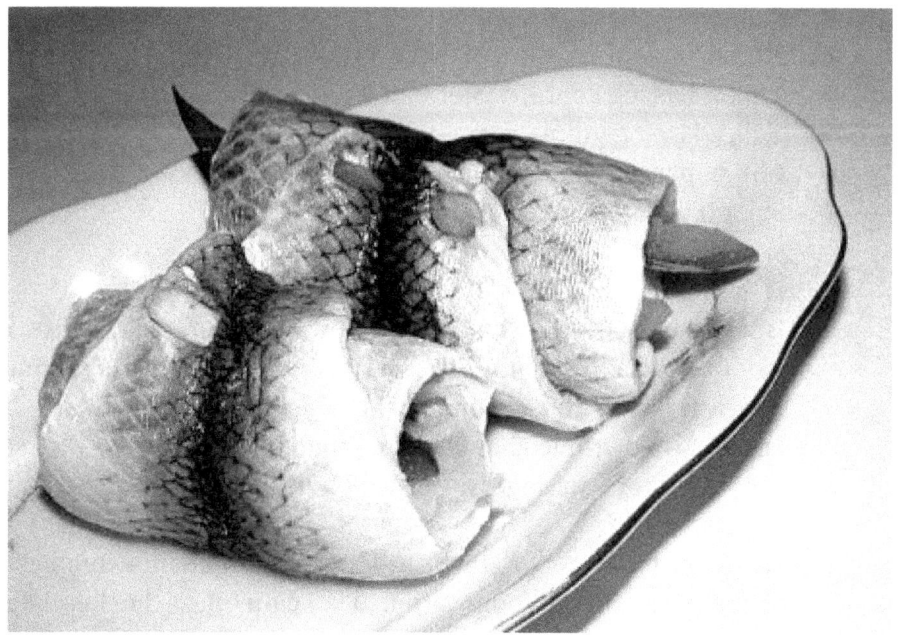

SASTOJCI:
- 8 fileta ukiseljene haringe
- 8 manjih kuhanih krumpira
- 1 manji crveni luk, sitno nasjeckan
- 1 žlica svježeg kopra, nasjeckanog
- 1 žlica kiselog vrhnja ili majoneze
- Crni papar, po ukusu
- Sol, po ukusu

UPUTE:
a) Isperite ukiseljene filete haringe pod hladnom vodom kako biste uklonili višak salamure. Osušite papirnatim ručnicima. U odgovarajućoj zdjeli pomiješajte nasjeckani crveni luk, svježi kopar, kiselo vrhnje ili majonezu, crni papar i sol.
b) Položite filete haringe na čistu površinu, s kožom okrenutom prema dolje.
c) Na svaki file haringe stavite odgovarajući kuhani krumpir, a na krumpir rasporedite odgovarajuću količinu mješavine luka i kopra. Smotajte filete haringe s krumpirom i nadjevom unutra, pričvrstite čačkalicom, ako je potrebno.
d) Rasporedite rolice haringe na tanjur za posluživanje i ostavite u hladnjaku najmanje 1 sat prije posluživanja kako bi se okusi stopili.
e) Poslužite rolice estonske haringe kao predjelo, po želji ukrašene svježim koprom.

76.Tepsija od govedine i krumpira

SASTOJCI:
- 1 lb mesa od goveđeg gulaša, narezanog na kockice
- 4 srednja krumpira, oguljena i narezana na tanke ploške
- 1 velika glavica luka sitno nasjeckana
- 2 češnja češnjaka, mljevena
- 2 žlice biljnog ulja
- 2 žlice višenamjenskog brašna
- 2 šalice goveđe juhe
- 1 šalica kiselog vrhnja
- 1 žličica paprike
- ½ žličice soli
- ¼ žličice crnog papra
- Sjeckani svježi peršin, za ukras

UPUTE:
a) Zagrijte pećnicu na 350°F. U prikladnoj vatrostalnoj posudi ili pećnici zagrijte biljno ulje na srednje jakoj vatri. Umiješajte nasjeckani luk i nasjeckani češnjak i pirjajte dok ne omekšaju, oko 3-4 minute. Ubacite goveđi gulaš narezan na kockice u vatrostalnu posudu i kuhajte dok ne porumeni sa svih strana, oko 5-7 minuta.
b) Izvadite govedinu iz vatrostalne posude i ostavite sa strane. U istu vatrostalnu posudu umiješajte brašno i kuhajte 1-2 minute uz stalno miješanje dok ne porumeni.
c) Postupno umiješajte goveđu juhu, ostružući sve zapečene komadiće s dna vatrostalne posude.
d) Pustite da zavrije i kuhajte 2-3 minute, dok se umak malo ne zgusne.
e) Umiješajte kiselo vrhnje, papriku, crni papar i sol dok se dobro ne sjedine. Umiješajte narezani krumpir i zapečenu govedinu natrag u vatrostalnu posudu, miješajući da se prekriju umakom. Tepsiju pokrijte poklopcem ili aluminijskom folijom i prebacite u prethodno zagrijanu pećnicu.
f) Pecite 45-50 minuta, dok krumpir ne omekša, a govedina se skuha.
g) Izvadite lonac iz pećnice i ostavite da odstoji nekoliko minuta prije posluživanja. Prije posluživanja ukrasite nasjeckanim svježim peršinom.

77. Mramorliha

SASTOJCI:
- 1 lb goveđeg odreska, tanko narezanog
- 1 velika glavica luka sitno nasjeckana
- 2 češnja češnjaka, mljevena
- 2 žlice maslaca
- 2 žlice višenamjenskog brašna
- 2 šalice goveđe juhe
- 1 šalica gustog vrhnja
- 1 žlica Worcestershire umaka
- 1 žlica Dijon senfa
- Crni papar, po ukusu
- Sol, po ukusu
- Svježi peršin, za ukras

UPUTE:
a) Zagrijte odgovarajuću tavu na srednje jakoj vatri i otopite maslac. Ubacite narezanu govedinu u tavu i pecite dok ne porumeni s obje strane, oko 2-3 minute po strani.
b) Izvadite govedinu iz tave i ostavite sa strane. U istoj tavi pomiješajte nasjeckani luk i nasjeckani češnjak i pirjajte dok ne omekšaju, oko 3-4 minute.
c) Umiješajte brašno i kuhajte 1-2 minute, neprestano miješajući, dok lagano ne porumeni.
d) Postupno umiješajte goveđu juhu, stružući sve zapečene komadiće s dna tave.
e) Pustite da zavrije i kuhajte 2-3 minute, dok se umak malo ne zgusne. Umiješajte vrhnje, Worcestershire umak i Dijon senf dok se dobro ne sjedine.
f) Začinite crnim paprom i soli po ukusu. Vratite kuhane goveđe kriške u tavu i kuhajte dodatnih 5-7 minuta dok se govedina ne skuha i dok se umak ne zgusne do željene gustoće.
g) Maknite tavu s vatre i ostavite da odstoji nekoliko minuta prije posluživanja.
h) Prije posluživanja ukrasite nasjeckanim svježim peršinom.

78. Tepsija od piletine i tjestenine

SASTOJCI:
- 1 lb pilećih prsa ili bataka bez kostiju i kože, narezanih na kockice
- 9 oz. tjestenina (makaroni, fusilli ili penne)
- 1 srednja glavica luka, sitno nasjeckana
- 2 češnja češnjaka, mljevena
- 2 žlice maslaca
- 2 žlice višenamjenskog brašna
- 2 šalice pileće juhe
- 1 šalica gustog vrhnja
- 1 šalica sira (cheddar ili mozzarella), naribanog
- ½ žličice majčine dušice, osušene
- Crni papar, po ukusu
- Sol, po ukusu
- Svježi peršin, za ukras

UPUTE:

a) Zagrijte pećnicu na 350°F i namastite posudu za pečenje 9 x 13 inča. Skuhajte tjesteninu prema uputama na pakiranju dok ne postane al dente. Ocijedite i ostavite sa strane. U odgovarajućoj tavi rastopite maslac na srednje jakoj vatri. Umiješajte nasjeckani luk i nasjeckani češnjak i pirjajte dok ne omekšaju, oko 3-4 minute.

b) U tavu umiješajte piletinu narezanu na kockice i kuhajte dok ne prestane biti ružičasta, oko 5-6 minuta. Umiješajte brašno i kuhajte još 1-2 minute, dok ne porumeni.

c) Postupno umiješajte pileću juhu i vrhnje, neprestano miješajući da ne budu grudice. Kuhajte ovu smjesu, često miješajući, dok se ne zgusne, oko 5 minuta. Umiješajte nasjeckani sir, sušeni timijan, sol i papar.

d) Nastavite miješati dok se sir ne otopi i umak postane gladak. Maknite tavu s vatre i umiješajte kuhanu tjesteninu dok se ravnomjerno ne prekrije umakom. Ovu smjesu prebacite u namašćenu posudu za pečenje i rasporedite u ravnomjernom sloju.

e) Pecite u prethodno zagrijanoj pećnici 20-25 minuta, dok vrh ne porumeni i postane mjehurić. Izvadite iz pećnice i ostavite da se ohladi nekoliko minuta prije posluživanja.

f) Prije posluživanja po želji ukrasite svježim peršinom. Uživajte u ukusnoj estonskoj tepsiji s piletinom i tjesteninom!

79.Estonski pileći zamotuljci (kanawrapid)

SASTOJCI:
- 1 lb pilećih prsa bez kostiju i kože, tanko narezanih
- 1 veliki luk, narezan na tanke ploške
- 1 velika paprika, tanko narezana
- 2 češnja češnjaka, mljevena
- 2 žlice biljnog ulja
- 1 žlica soja umaka
- 1 žlica Worcestershire umaka
- 1 žličica paprike
- Crni papar, po ukusu
- Sol, po ukusu
- Tortilja wrapovi ili tanki somuni
- Listovi zelene salate, za zamotavanje (po želji)

UPUTE:

a) U odgovarajućoj tavi zagrijte biljno ulje na srednje jakoj vatri. Umiješajte tanko narezana pileća prsa i kuhajte dok ne prestanu biti ružičasta i dok ne budu kuhana, oko 5-6 minuta. Izvadite iz tave i ostavite sa strane.

b) U istoj tavi po potrebi dodajte još malo ulja, pa umiješajte narezani luk, papriku i nasjeckani češnjak. Pirjajte dok povrće ne omekša, oko 3-4 minute. Umiješajte kuhanu piletinu natrag u tavu s pirjanim povrćem. Umiješajte sojin umak, Worcestershire umak, papriku, sol i papar.

c) Kuhajte još 2-3 minute uz povremeno miješanje da se okusi prožmu. Maknite s vatre i pustite da se smjesa piletine i povrća malo ohladi. Zagrijte tortilje ili tanke somune prema uputama na pakiranju.

d) Stavite mjericu mješavine piletine i povrća na svaku tortilju ili somun. Po želji dodajte listove zelene salate na vrh mješavine piletine i povrća za dodatnu hrskavost i svježinu.

e) Zamotajte tortilju ili somun, uvlačeći je sa strane dok idete.

f) Poslužite odmah i uživajte u ukusnim estonskim Chicken Wraps!

80.Svinjski kotleti na žaru (Grillitud Seakarbonaad)

SASTOJCI:
- 5 svinjskih kotleta
- ¼ šalice biljnog ulja
- ¼ šalice bijelog vinskog octa
- 1 žličica soli
- ½ žličice crnog papra

UPUTE:
a) U prikladnoj posudi umutiti biljno ulje, bijeli vinski ocat, crni papar i sol za marinadu. Stavite svinjske odreske u plitku posudu i prelijte ih marinadom, pazeći da je svaki kotlet dobro obložen.
b) Pokrijte posudu plastičnom folijom i pustite da se svinjski kotleti mariniraju u hladnjaku najmanje 30 minuta ili preko noći za najbolje rezultate. Prethodno zagrijte svoj roštilj ili roštilj na srednje jaku temperaturu. Svinjske odreske izvadite iz marinade i otresite višak marinade.
c) Stavite svinjske kotlete na prethodno zagrijani roštilj i pecite oko 5-6 minuta sa svake strane, dok ne budu pečeni i dok ne dobiju tragove pečenja. Maknite svinjske kotlete s roštilja i ostavite ih nekoliko minuta prije posluživanja.
d) Poslužite vruće s omiljenim prilozima ili začinima i uživajte u estonskim svinjskim kotletima na žaru!

81. Ražnjići od govedine i povrća (Veiseliha- ja Köögiviljavardad)

SASTOJCI:
- 2 lb goveđeg filea ili fileta, narezanog na komade
- 1 paprika, narezana na kockice
- 1 glavica crvenog luka, narezana na kockice
- 6 cherry rajčica
- 2 žlice maslinovog ulja
- 1 žlica crvenog vinskog octa
- 1 žličica svježeg ružmarina, nasjeckanog
- Crni papar, po ukusu
- Sol, po ukusu

UPUTE:

a) Na ražnjiće nanizati junetinu, papriku, crveni luk i cherry rajčice, izmjenjujući komade.

b) U prikladnoj posudi umutiti maslinovo ulje, vinski ocat, ružmarin, sol i papar kako bi napravili marinadu. Kistom namažite ražnjiće marinadom.

c) Ražnjiće pecite na roštilju ili roštilju oko 8-10 minuta, povremeno okrećući, dok govedina ne bude pečena do željene razine pečenja.

d) Poslužite vruće i uživajte!

82. Vege i Halloumi ražnjići

SASTOJCI:
- 1 kg raznog povrća (paprike, tikvice, gljive, cherry rajčice)
- ½ lb sira halloumi, narezanog na komade
- 2 žlice maslinovog ulja
- 1 žlica soka od limuna
- Svježi origano, nasjeckan
- Crni papar, po ukusu
- Sol, po ukusu

UPUTE:

a) Nanizajte povrće i halloumi sir na ražnjiće, izmjenjujući komade. U odgovarajućoj zdjeli umutiti maslinovo ulje, limunov sok, origano, sol i biber kako bi se napravila marinada. Kistom namažite ražnjiće marinadom.

b) Pecite ražnjiće na roštilju ili roštilju oko 6-8 minuta, povremeno ih okrećući, dok povrće ne omekša, a halloumi sir ne porumeni.

c) Poslužite vruće i uživajte!

DESERT

83. Slatki pleteni kruh

SASTOJCI:
TIJESTO
- 1 lb višenamjenskog brašna
- 1 paket aktivnog suhog kvasca
- 1 šalica mlijeka
- 3 ½ oz. neslani maslac, otopljen
- 3 ½ oz. šećer, granulirani
- 2 velika jaja
- 1 žličica ekstrakta vanilije
- ½ žličice soli

PUNJENJE
- 1 ½ oz. neslan maslac, omekšao
- 3 ½ oz. šećer, granulirani
- 2 žličice mljevenog cimeta

GLAZURA
- 1 jaje, tučeno
- Biserni šećer (po želji)

UPUTE:

a) U odgovarajućoj posudi za miješanje pomiješajte brašno i kvasac. U loncu zagrijte mlijeko dok se ne zagrije, zatim pjenasto umiješajte otopljeni maslac, šećer, jaja, ekstrakt vanilije i sol. Umiješajte smjesu mlijeka u smjesu brašna i miješajte dok se ne dobije tijesto.

b) Ovo tijesto mijesite na pobrašnjenoj površini oko 5 minuta, zatim ga vratite u zdjelu, pokrijte čistim ručnikom i ostavite da se diže 1 sat, dok se ne udvostruči.

c) Zagrijte pećnicu na 350°F i obložite lim za pečenje papirom za pečenje. Izbušite ovo tijesto i istresite ga na pobrašnjenu površinu. Razvaljajte ga u odgovarajući pravougaonik.

d) Za nadjev pomiješajte omekšali maslac, šećer i cimet pa ravnomjerno rasporedite po ovom tijestu. Ovo tijesto čvrsto zarolati od dužeg ruba pa ga prebaciti u pripremljeni pleh i oblikovati u prsten.

e) Kuhinjskim škarama ili oštrim nožem napravite rezove oko prstena u pravilnim razmacima, ostavljajući oko 1 inč tijesta netaknutim u sredini. Svaki dio tijesta zavrnite prema van kako biste otkrili nadjev, a zatim premažite tijesto razmućenim jajetom i po želji pospite bisernim šećerom.

f) Pecite u zagrijanoj pećnici 25-30 minuta, dok ne porumene. Izvadite iz pećnice i ostavite da se malo ohladi prije posluživanja. Uživajte u svom domaćem estonskom Kringelu !

84.Estonski kolač od skute (Kohupiimakook)

SASTOJCI:
KORA
- 8 oz. digestivnim keksima ili graham krekerima
- 3 ½ oz. neslani maslac, otopljen

PUNJENJE
- 1 lb estonske skute (kohupiim)
- ⅔ šalice kiselog vrhnja
- ⅔ šalice gustog vrhnja
- 4 oz. šećer, granulirani
- 4 velika jaja
- 2 žličice ekstrakta vanilije
- Korica od 1 limuna (po želji)

PRELJEV
- Svježe bobičasto voće (jagode, borovnice, maline)
- Konzerve od voća (konzerve od jagoda ili malina)

UPUTE:

a) Prethodno zagrijte pećnicu na 350°F i namastite kalup od 9 inča. Digestive kekse ili graham krekere zdrobite u sitne mrvice i pomiješajte s otopljenim maslacem dok se dobro ne sjedine. Ovu smjesu čvrsto utisnite u dno pripremljene posude za opruge kako biste oblikovali koru.

b) U prikladnoj posudi za miješanje umutite skutu, kiselo vrhnje, gusto vrhnje, šećer, jaja, ekstrakt vanilije i koricu limuna (ako koristite) dok se ne sjedini. Nadjev od skute prelijte preko kore u kalupu.

c) Pecite u prethodno zagrijanoj pećnici 40-45 minuta, dok se rubovi ne postave, a sredina malo podrhtava. Isključite pećnicu i lagano odškrinite vrata pećnice. Ostavite kolač da se hladi u pećnici oko 1 sat, zatim ga izvadite iz pećnice i ostavite da se potpuno ohladi na sobnoj temperaturi.

d) Nakon što se ohladi, tortu stavite u hladnjak na najmanje 4 sata, a najbolje preko noći, da se potpuno stegne. Neposredno prije posluživanja izvadite tortu iz kalupa i prebacite je na tanjur za posluživanje. Tortu prelijte svježim bobičastim ili konzerviranim voćem, a po želji pospite šećerom u prahu. Narežite i poslužite ohlađeno. Uživajte u ukusnom estonskom Kohupiimakooku!

85. Kolač od raženog kruha (Karask)

SASTOJCI:
- 9 oz. raženog brašna
- 3 ½ oz. višenamjensko brašno
- 1 žličica sode bikarbone
- 1 žličica soli
- 1 žlica šećera
- 1 šalica mlaćenice
- 2 žlice melase ili tamnog sirupa
- 2 žlice biljnog ulja
- 1 veliko jaje

UPUTE:
a) Na 400°F prethodno zagrijte pećnicu i namastite okrugli kalup za kolače ili tavu od lijevanog željeza. U odgovarajućoj posudi za miješanje pjenasto izmiješajte raženo brašno, višenamjensko brašno, sodu bikarbonu, sol i šećer.

b) U posebnoj posudi umutite mlaćenicu, melasu ili tamni sirup, biljno ulje i jaje. Postupno ulijevajte mokre sastojke u suhe sastojke, miješajte dok se ne dobije gusta smjesa. Ulijte pripremljeno tijesto u pripremljeni kalup za tortu ili tavu, ravnomjerno ga rasporedite.

c) Pecite u prethodno zagrijanoj pećnici 25-30 minuta, dok čačkalica zabodena u sredinu ne izađe čista. Izvadite iz pećnice i ostavite Karask da se ohladi u tavi ili tavi nekoliko minuta, zatim ga stavite na rešetku da se potpuno ohladi.

d) Kada se ohladi, po želji možete poslužiti Karask s maslacem ili drugim dodacima, poput sira ili sušene ribe.

e) Narežite i uživajte u svom ukusnom estonskom karasku , jedinstvenom kolaču od raženog kruha koji je savršen za doručak ili kao međuobrok!

86. Torta s medvjedićima (Mõmmik)

SASTOJCI:
TORTA
- 8 oz. neslanog maslaca, na sobnoj temperaturi
- 8 oz. granulirani šećer
- 4 velika jaja
- 8 oz. višenamjensko brašno
- 2 žličice praška za pecivo
- ¼ žličice soli
- 1 žličica ekstrakta vanilije
- ½ šalice mlijeka

PUNJENJE
- 1 ¼ šalice gustog vrhnja
- 8 oz. čokolada (tamna ili mliječna), nasjeckana
- 3 ½ oz. neslanog maslaca, na sobnoj temperaturi
- 2 žlice šećera u prahu
- 1 žličica ekstrakta vanilije

UKRAS
- Glazura od fondana (smeđa, crna, bijela i bilo koje druge boje po želji)
- Boja za hranu (po izboru)
- Ukrasi od slatkiša ili čokolade (M&M's, gumeni medvjedići ili komadići čokolade)
- Jestivo ljepilo ili voda za lijepljenje ukrasa

UPUTE:
TORTA
a) Na 350°F, prethodno zagrijte pećnicu i namastite i pobrašnite kalup za tortu u obliku medvjedića ili obični okrugli kalup za tortu. U prikladnoj posudi za miješanje pjenasto miksajte maslac i šećer dok smjesa ne postane svijetla i pjenasta.

b) Umiješajte jaja, jedno po jedno, i dobro umutite nakon svakog dodavanja. U posebnoj zdjeli pomiješajte brašno, prašak za pecivo i sol.

c) Postupno umiješajte suhe sastojke u smjesu maslaca, naizmjence s mlijekom i ekstraktom vanilije, počevši i završavajući sa suhim sastojcima. Miješajte dok se ne sjedini.

d) Ulijte tijesto za tortu u pripremljen kalup za tortu i ravnomjerno ga rasporedite. Pecite u prethodno zagrijanoj pećnici 30-35 minuta, dok čačkalica zabodena u sredinu ne izađe čista.
e) Izvadite iz pećnice i ostavite kolač da se ohladi u kalupu 10 minuta, zatim ga stavite na rešetku da se potpuno ohladi.

PUNJENJE
f) U vatrostalnoj zdjeli pomiješajte nasjeckanu čokoladu i maslac. U loncu zagrijte vrhnje na srednjoj vatri dok ne počne kuhati.
g) Vruće vrhnje prelijte preko mješavine čokolade i maslaca i ostavite da odstoji minutu. Miješajte ovu smjesu dok se čokolada i maslac potpuno ne otope i postanu glatki.
h) Umiješajte šećer u prahu i ekstrakt vanilije i miješajte dok se dobro ne sjedini. Pustite da se nadjev ohladi na sobnoj temperaturi, zatim pokrijte i ostavite u frižideru najmanje 2 sata, dok se ne zgusne i razmaže.

MONTAŽA I DEKORACIJA
i) Kada se torta i fil potpuno ohlade, možete početi sastavljati i ukrašavati tortu Medo. Po potrebi obrežite gornji dio kolača da bude ravan. Prerežite tortu vodoravno na dva sloja.
j) Stavite jedan koru na tanjur za posluživanje i namažite ga debelim slojem ohlađenog čokoladnog nadjeva. Stavite drugi koru torte na vrh nadjeva. Oštrim nožem oblikujte tortu u obliku medvjedića, ako koristite obični okrugli kalup za torte.
k) Razvaljajte smeđu glazuru od fondanta i prekrijte cijelu tortu, rukama ili valjkom za tijesto je izravnajte i oblikujte tako da podsjeća na medvjedića.
l) Razvaljajte drugu glazuru od fondanta u boji kako biste stvorili oči, nos, usta i druge željene ukrase za lice i tijelo Medvjedića.
m) Također možete koristiti prehrambene boje za bojanje fondanta.
n) Jestivim ljepilom ili vodom zalijepite ukrase od fondanta na tortu, stvarajući lice i tijelo Medvjedića po želji.

87.Quark kolač od sira (Kubujuustukook)

SASTOJCI:
KORA
- 9 oz. digestivnim keksima ili graham krekerima
- 3 ½ oz. neslani maslac, otopljen

PUNJENJE
- 1 lb sira (ponekad zvanog skuta ili poljoprivredni sir), ocijeđenog
- 8 oz. šećer, granulirani
- 4 velika jaja
- ⅔ šalice gustog vrhnja
- 1 žličica ekstrakta vanilije
- Korica od 1 limuna

PRELJEV
- Svježe bobičasto ili voće po izboru (jagode, borovnice ili maline)
- Šećer u prahu, za posipanje (po želji)

UPUTE:
KORA
a) Digestive kekse ili graham krekere zdrobite u sitne mrvice kuhačom ili ih stavite u plastičnu vrećicu i oklagijom.
b) U prikladnoj posudi za miješanje pomiješajte mrvice biskvita ili krekera s otopljenim maslacem i dobro promiješajte. Čvrsto utisnite ovu smjesu na dno kalupa od 9 inča kako biste formirali koru. Posudu stavite u hladnjak da se ohladi dok pripremate nadjev.
c) Punjenje
d) Zagrijte pećnicu na 350°F. U prikladnoj posudi za miješanje pomiješajte kvark sir i šećer, te dobro promiješajte. Umiješajte jaja, jedno po jedno, i dobro umutite nakon svakog dodavanja. Umiješajte gusto vrhnje, ekstrakt vanilije i koricu limuna i miješajte dok se dobro ne sjedini.
e) Fil izlijte preko ohlađene kore u kalupu , ravnomjerno ga rasporedite. Pecite u prethodno zagrijanoj pećnici 35-40 minuta, dok se rubovi ne postave, a sredina malo podrhtava. Izvadite iz pećnice i ostavite kolač da se hladi u kalupu 10 minuta, zatim priječite nožem po rubovima kako biste ga odvojili od kalupa.

f) Prebacite tortu na rešetku da se potpuno ohladi, zatim je pokrijte i ostavite u hladnjaku najmanje 4 sata ili preko noći da se stegne. Za preljev: Neposredno prije posluživanja, ohlađenu tortu od sira od quark ukrasite svježim bobičastim ili voćem po izboru.
g) Po želji pospite šećerom u prahu za ukrasni završetak. Narežite i poslužite ohlađeni Kubujuustukook i uživajte u ovoj kremastoj i ukusnoj estonskoj torti od sira Quark s bogatim okusima i osvježavajućim voćnim preljevom!

88.Bakin kolač (Vanaema Kook)

SASTOJCI:
KORA
- 9 oz. digestivnim keksima ili graham krekerima
- 3 ½ oz. neslani maslac, otopljen
- 1 žlica kakaa u prahu (po želji)

PUNJENJE
- 4 velika jaja
- 8 oz. šećer, granulirani
- ⅔ šalice gustog vrhnja
- 2 žličice ekstrakta vanilije
- 2 žlice višenamjenskog brašna
- ¼ žličice soli
- Korica od 1 limuna

UPUTE:
KORA
a) Digestive kekse ili graham krekere zdrobite u sitne mrvice kuhačom ili ih stavite u plastičnu vrećicu i oklagijom.
b) U prikladnoj posudi za miješanje pomiješajte mrvice keksa ili krekera s otopljenim maslacem i kakaom u prahu (ako koristite) i dobro promiješajte. Čvrsto utisnite ovu smjesu na dno kalupa od 9 inča kako biste formirali koru. Posudu stavite u hladnjak da se ohladi dok pripremate nadjev.

PUNJENJE
c) Zagrijte pećnicu na 350°F. U odgovarajućoj posudi za miješanje umutite jaja i šećer dok ne postanu svijetla i pjenasta. Umiješajte vrhnje, ekstrakt vanilije, brašno, sol i koricu limuna i miješajte dok se dobro ne sjedini.
d) Fil izlijte preko ohlađene kore u kalupu , ravnomjerno ga rasporedite. Pecite u prethodno zagrijanoj pećnici 30-35 minuta, dok se rubovi ne spoje, a sredina malo podrhtava. Izvadite iz pećnice i ostavite kolač da se hladi u kalupu 10 minuta, zatim priječite nožem po rubovima kako biste ga odvojili od kalupa.
e) Prebacite tortu na rešetku da se potpuno ohladi, zatim je pokrijte i ostavite u hladnjaku najmanje 4 sata ili preko noći da se stegne.
f) Narežite i poslužite ohlađeni Vanaema Kook i uživajte u ovom nostalgičnom estonskom bakinom kolaču s njegovim jednostavnim, ali divnim okusima!

89.Estonski lisnati kolač (Plaadikook)

SASTOJCI:
PODLOGA ZA BISKVIT
- 4 velika jaja
- 8 oz. šećer, granulirani
- 8 oz. višenamjensko brašno
- 1 žličica praška za pecivo
- ¼ žličice soli
- 2 žličice ekstrakta vanilije

KREM PRELJEV
- 2 šalice gustog vrhnja
- 8 oz. šećer, granulirani
- 2 žlice višenamjenskog brašna
- 2 žlice kukuruznog škroba
- 1 žličica ekstrakta vanilije

UPUTE:
PODLOGA ZA BISKVIT

a) Na 350°F, prethodno zagrijte pećnicu i namastite lim za pečenje 9 x 13 inča ili pravokutni kalup za tortu. U odgovarajućoj posudi za miješanje umutite jaja i šećer dok ne postanu svijetla i pjenasta. Umiješajte brašno, prašak za pecivo, sol i ekstrakt vanilije i miješajte dok se dobro ne sjedini.

b) Pripremljeno tijesto izlijte u pripremljen lim za pečenje ili kalup za tortu, ravnomjerno ga rasporedite. Pecite u prethodno zagrijanoj pećnici 20-25 minuta, dok kolač ne porumeni i dok čačkalica zabodena u sredinu ne izađe čista. Izvadite iz pećnice i ostavite da se kolač potpuno ohladi u kalupu.

KREM PRELJEV

c) U loncu pomiješajte vrhnje, šećer, brašno i kukuruzni škrob. Umutite dok se dobro ne sjedini. Stavite lonac na srednju vatru i kuhajte uz stalno miješanje dok se ova smjesa ne zgusne i ne zavrije.

d) Maknite s vatre i umiješajte ekstrakt vanilije. Pustite da se kremni preljev malo ohladi pa ga prelijte preko ohlađene podloge od biskvita u limu za pečenje ili kalupu za torte, ravnomjerno rasporedite špatulom.

e) Ostavite Paladion u hladnjaku najmanje 4 sata ili preko noći da se kremni preljev stegne. Narežite i poslužite ohlađeni Paladion i uživajte u ovoj divnoj estonskoj torti s mekim biskvitom i kremastim preljevom od vanilije!

90. Kisel od grožđica (Rosinakissell)

SASTOJCI:
- 4 oz. grožđice
- 2 šalice vode
- 9 oz. svježe ili smrznuto bobičasto voće (kao što su brusnice, maline ili crni ribizli)
- 3 ½ oz. šećer, granulirani
- 2 žlice kukuruznog ili krumpirovog škroba
- 2 žlice hladne vode
- 1 žličica soka od limuna (po želji)

UPUTE:

a) Grožđice stavite u lonac s 2 šalice vode i prokuhajte. Smanjite temperaturu i kuhajte 10-15 minuta dok grožđice ne postanu punaste i mekane. U posebnoj posudi pomiješajte bobičasto voće i šećer.

b) Kuhajte na srednjoj vatri uz povremeno miješanje dok bobičasto voće ne pusti sok i dok se šećer ne otopi. U prikladnoj posudi umutite kukuruzni ili krumpirov škrob s 2 žlice hladne vode dok ne postane glatko. Postupno umiješajte mješavinu kukuruznog škroba ili krumpirovog škroba u smjesu bobičastog voća, stalno miješajući kako biste spriječili stvaranje grudica.

c) Nastavite kuhati ovu smjesu na laganoj vatri uz stalno miješanje dok se ne zgusne do konzistencije poput želea. Maknite s vatre i umiješajte kuhane grožđice i limunov sok (ako koristite). Pustite da se Rosinakissell malo ohladi, a zatim ga prebacite u zdjelice ili čaše za posluživanje. Ostavite u hladnjaku najmanje 2-3 sata, dok se kisel ne ohladi i stegne.

d) Poslužite ohlađeni Rosinakissell kao osvježavajući i pikantni desert i uživajte u naletu okusa sočnih grožđica i slatkog kompota od bobica.

91.Estonska desertna juha (Leivasupp)

SASTOJCI:
- 9 oz. raženi kruh (po mogućnosti star ili jedan dan star)
- 4 ¼ šalice vode
- 3 ½ oz. granulirani šećer ili po ukusu
- 1 štapić cimeta
- 3-4 cijele mahune kardamoma
- 1 žlica maslaca
- 1 žlica višenamjenskog brašna
- 1 žlica kakaa u prahu (po želji)
- ½ žličice soli
- Šlag, za ukras (po želji)

UPUTE:
a) Raženi kruh narežite na male kockice ili ploške i stavite ih u odgovarajuću tavu ili lonac. U lonac s kruhom umiješajte vodu i pustite da zavrije na srednjoj vatri.

b) Smanjite vatru i pirjajte oko 10-15 minuta, dok kruh ne omekša i počne se raspadati, stvarajući gusti jušni temeljac. U posebnoj maloj posudi otopite maslac na srednjoj vatri. Umiješajte brašno i kakao u prahu (ako koristite) i kuhajte uz stalno miješanje 1-2 minute da dobijete roux.

c) Postupno umiješajte zapršku u juhu od kruha, neprestano miješajući da se izbjegnu grudice. U juhu umiješajte šećer, štapić cimeta, mahune kardamoma i sol te uz povremeno miješanje kuhajte još 10-15 minuta da se okusi prožmu.

d) Izvadite štapić cimeta i mahune kardamoma iz juhe prije posluživanja. Poslužite Leivasupp vruć, ukrašen s malo tučenog vrhnja (po želji) i uživajte u ugodnim okusima ove tradicionalne estonske juhe od kruha!

92.Vahukoor-Kohupiimakook

SASTOJCI:
KORA
- 8 oz. digestivnim keksima ili graham krekerima
- 3 ½ oz. neslani maslac, otopljen

PUNJENJE
- 1 lb. skute ili kvarka
- 2 šalice jakog vrhnja za šlag
- 4 oz. šećer u prahu
- 1 žličica ekstrakta vanilije
- Korica od 1 limuna
- 1 žličica želatine u prahu
- 3 žlice hladne vode
- Svježe bobičasto voće, narezano voće ili čokoladni komadići za dekoraciju

UPUTE:
a) Digestive kekse ili graham krekere zdrobite u sitne mrvice kuhačom ili ih stavite u plastičnu vrećicu i zgnječite valjkom za tijesto. U prikladnoj posudi za miješanje pomiješajte mrvice keksa ili krekera s otopljenim maslacem i miješajte dok smjesa ne bude poput mokrog pijeska.

b) Čvrsto utisnite smjesu mrvica na dno kalupa od 9 inča, oblikujući ravnomjernu koricu. Posudu stavite u hladnjak da se ohladi dok pripremate nadjev.

c) Želatinu u prahu u odgovarajućoj zdjeli prelijte hladnom vodom i ostavite nekoliko minuta da nabubri. U odgovarajućoj posudi za miješanje pomiješajte skutu ili skutu, čvrsto vrhnje za šlag, šećer u prahu, ekstrakt vanilije i koricu limuna. Umutite ili tucite električnom miješalicom dok ne postane glatka i kremasta.

d) U prikladnom loncu na laganoj vatri uz stalno miješanje lagano zagrijavajte nabujalu želatinu dok se želatina potpuno ne otopi. Otopljenu želatinu postupno ulijevajte u smjesu skute uz neprestano mućenje dok se dobro ne sjedini. Fil izlijte preko ohlađene kore u kalupu, a vrh zagladite špatulom.

e) Pokrijte kalup plastičnom folijom i ostavite u hladnjaku najmanje 4-6 sati, dok se kolač ne stegne i stegne. Nakon što se torta ohladi i stegne, pažljivo uklonite stranice kalupa .
f) Po želji ukrasite vrh torte svježim bobičastim voćem, narezanim voćem ili komadićima čokolade. Narežite i poslužite Vahukoor-kohupiimakook i uživajte u kremastim, pikantnim i slatkim okusima ovog divnog estonskog deserta!

93.Kolač od krumpira (Kartulikook)

SASTOJCI:

KORA
- 2 šalice višenamjenskog brašna
- 1 šalica neslanog maslaca, ohlađenog i narezanog na kockice
- ½ šalice šećera, granuliranog
- ¼ žličice soli
- 1 veliki žumanjak

PUNJENJE
- 2 lbs. krumpir, oguljen i kuhan dok vilica ne omekša
- ½ šalice neslanog maslaca, otopljenog
- ½ šalice šećera, granuliranog
- 3 velika jaja
- 1 šalica kiselog vrhnja
- 1 žličica ekstrakta vanilije
- ½ žličice mljevenog cimeta
- ¼ žličice mljevenog muškatnog oraščića
- 1 prstohvat soli

UPUTE:

KORA
a) Prethodno zagrijte pećnicu na 350°F i namastite kalup od 9 inča.
b) Za izradu kore u odgovarajućoj posudi pomiješajte šećer, brašno, sol i maslac izrezan na kockice. Rezačem za tijesto ili prstima izrežite maslac u suhe sastojke dok ova smjesa ne postane nalik na grube mrvice. Umiješajte žumanjke dok se ovo tijesto ne sjedini.
c) Utisnite ovo tijesto ravnomjerno na dno pripremljene posude za opruge kako biste oblikovali koru. Koru pecite u zagrijanoj pećnici 10-12 minuta, dok lagano ne porumeni. Izvadite iz pećnice i ostavite da se malo ohladi.

PUNJENJE
d) Skuhani krumpir izgnječite u odgovarajućoj posudi dok ne postane glatko.
e) U pire krumpir umiješajte otopljeni maslac, šećer, jaja, kiselo vrhnje, ekstrakt vanilije, cimet, muškatni oraščić i prstohvat soli. Miješajte dok se dobro ne sjedini.

f) Na djelomično ispečenu koru u kalupu prelijte nadjev od krumpira . Zagladite vrh lopaticom i pecite u prethodno zagrijanoj pećnici 45-50 minuta, dok se sredina ne stegne, a vrh ne porumeni.
g) Kolač od krumpira izvadite iz pećnice i ostavite da se potpuno ohladi u tepsiji. Kada se ohladi, pažljivo uklonite stijenke kalupa . Estonski kolač od krumpira narežite na kriške i poslužite ohlađen ili na sobnoj temperaturi.
h) Uživajte u svom ukusnom estonskom kolaču od krumpira!

94. Kamavaht

SASTOJCI:

- ½ šalice mješavine Kama (prah prženih žitarica, dostupan u estonskim ili specijaliziranim trgovinama hrane)
- 1 šalica jakog vrhnja za šlag
- ¼ šalice šećera u prahu
- 1 žličica ekstrakta vanilije

UPUTE:

a) U odgovarajućoj posudi za miješanje pomiješajte Kama smjesu, šećer u prahu i ekstrakt vanilije.

b) Dobro promiješajte kako biste osigurali ravnomjernu raspodjelu sastojaka. U posebnoj zdjeli umutite gustu pavlaku dok se ne zgusne i dobije mekane vrhove.

c) Nježno umiješajte šlag u smjesu Kama, pomoću lopatice ili pjenjače. Pazite da ne pretjerate s miješanjem jer želite da smjesa ostane lagana i prozračna. Kušajte kamavaht i po želji dotjerajte slatkoću s još šećera u prahu.

d) Žlicom stavljajte Kamavaht u pojedinačne posude za posluživanje ili čaše za desert. Kamavaht ohladite u hladnjaku najmanje 1 sat prije posluživanja. Poslužite Kamavaht ohlađen i po želji garnirajte dodatnim kamama u prahu ili svježim bobičastim voćem.

e) Uživajte u kremastim i pikantnim okusima Kamavahta, ukusnog estonskog deserta napravljenog od kame i šlaga. To je jedinstvena i osvježavajuća poslastica koja će zasigurno oduševiti vaše nepce!

95.Kama i kolač od jabuka (Kama-Õunakook)

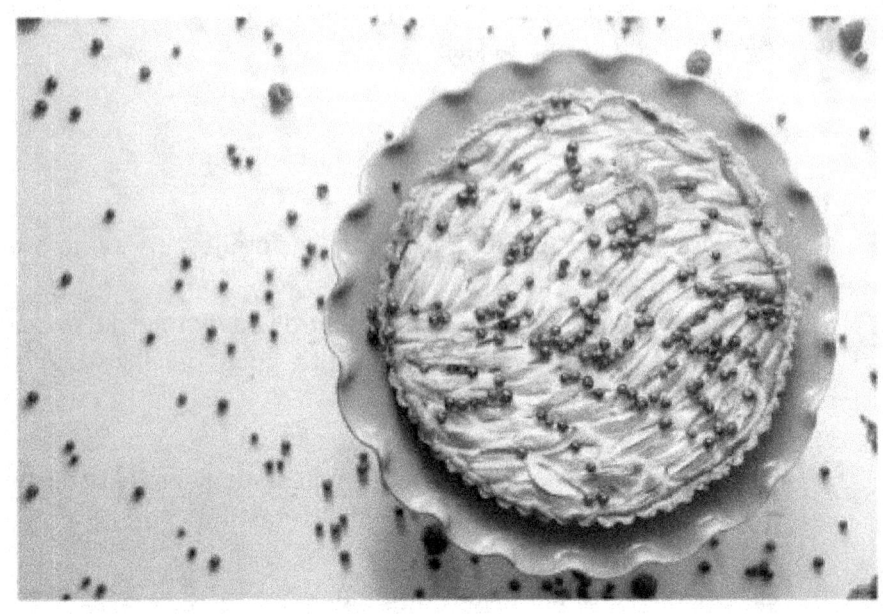

SASTOJCI:
TORTA
- 3 jabuke srednje veličine, oguljene, bez koštice i narezane na tanke kriške
- 1 ½ šalice višenamjenskog brašna
- ½ šalice Kama mješavine (prah prženih žitarica, dostupno u estonskim ili specijaliziranim trgovinama hrane)
- ½ šalice šećera, granuliranog
- ½ šalice neslanog maslaca, omekšalog
- 2 velika jaja
- ½ šalice mlijeka
- 1 žličica praška za pecivo
- 1 žličica ekstrakta vanilije
- ¼ žličice soli

PRELJEV
- ¼ šalice višenamjenskog brašna
- ¼ šalice šećera u granulama
- 2 žlice neslanog maslaca, ohlađenog i narezanog na male kockice

UPUTE:
a) Na 350°F, prethodno zagrijte pećnicu i namastite okrugli kalup za tortu od 9 inča. U odgovarajućoj posudi umutiti brašno, kamu, prašak za pecivo i sol. U zasebnoj velikoj zdjeli miksajte maslac i šećer dok ne postanu svijetli i pjenasti. Umutite jedno po jedno jaje, zatim umiješajte ekstrakt vanilije.

b) Postupno umiješajte suhu mješavinu brašna u smjesu maslaca, naizmjenično s mlijekom, počevši i završavajući sa suhim sastojcima. Miješajte dok se ne sjedini. Pripremljenu smjesu ulijte u pripremljeni kalup za torte i ravnomjerno rasporedite.

c) Na pripremljeno tijesto rasporedite jabuke narezane na tanke ploške, malo ih preklapajući.

d) U odgovarajućoj zdjeli pomiješajte brašno i šećer za preljev. Rezati ohlađeni maslac rezačem za tijesto ili vršcima prstiju dok ova smjesa ne podsjeća na grube mrvice.

e) Preljev ravnomjerno prelijte preko jabuka. Pecite kolač u prethodno zagrijanoj pećnici 40-45 minuta, dok čačkalica zabodena u sredinu ne izađe čista.
f) Kolač izvadite iz pećnice i ostavite da se hladi u kalupu 10 minuta, a zatim ga stavite na rešetku da se potpuno ohladi. Kad se ohladi, narežite Kama- õunakook na kriške i poslužite kao divan estonski desert.

PIĆA

96.Voćno vino (Leibkonna Jook)

SASTOJCI:
- 2 lbs. svježe voće ili bobice (jabuke, trešnje, ribizle, maline)
- 2 lbs. šećer
- 16 šalica vode
- 1 žličica svježeg kvasca ili ½ žličice suhog kvasca

UPUTE:
a) Operite i očistite voće ili bobice, uklanjajući sve peteljke, lišće ili koštice. Malo ih zdrobite ili zgnječite da puste sok. U odgovarajućoj posudi pomiješajte voće ili bobice, šećer i vodu. Dobro promiješajte da se šećer otopi. Zakuhajte ovu smjesu na srednjoj vatri, zatim smanjite vatru i kuhajte oko 10-15 minuta uz povremeno miješanje.

b) Maknite lonac s vatre i ostavite da se smjesa ohladi na sobnu temperaturu. Nakon što se ova smjesa ohladi, otopiti kvasac u odgovarajućoj količini vode i dodati u lonac. Dobro promiješati. Pokrijte lonac čistom krpom ili plastičnom folijom i ostavite na sobnoj temperaturi 24 sata da fermentira.

c) Nakon 24 sata, procijedite ovu smjesu kroz fino mrežasto cjedilo ili gazu u čiste boce, ostavljajući malo prostora na vrhu. Čvrsto zatvorite boce čepovima ili plutenim čepovima i pohranite ih na hladnom i tamnom mjestu najmanje 2-3 tjedna kako bi Leibkonna jook fermentirati i razviti svoje okuse.

d) Nakon 2-3 tjedna, Leibkonna jook bi trebao biti spreman za piće. Ohladite ga u hladnjaku prije posluživanja i uživajte u njemu kao osvježavajućem i tradicionalnom estonskom domaćem napitku tijekom posebnih prigoda ili slavlja.

97. Kvas

SASTOJCI:
- 9 oz. raženi kruh (po mogućnosti star ili malo osušen)
- 16 šalica vode
- 4 oz. šećer
- 1 žličica svježeg kvasca ili ½ žličice suhog kvasca
- 1-2 manja limuna, tanko narezana
- 2 šake grožđica ili sušenog voća za dodatnu aromu (po želji)

UPUTE:
a) Raženi kruh narežite na male kockice i stavite u odgovarajući lonac ili zdjelu. Dodajte 16 šalica vode u lonac s raženim kruhom i ostavite na sobnoj temperaturi 4-6 sati ili preko noći da se natopi.
b) Nakon namakanja, procijedite tekućinu iz raženog kruha, pritiskajući kockice kruha kako biste izvukli što više tekućine. Bacite kruh ili ga sačuvajte za druge svrhe.
c) Otopite šećer u procijeđenoj tekućini, dobro promiješajte da se potpuno otopi. U odgovarajućoj posudi otopite kvasac u odgovarajućoj količini vode i dodajte ga u tekućinu. Dobro promiješati. U tekućinu umiješajte tanke kriške limuna i po želji grožđice ili sušeno voće. Pokrijte lonac ili zdjelu čistom krpom ili plastičnom folijom i ostavite na sobnoj temperaturi 6-12 sati da fermentira.
d) Kada fermentacija završi, procijedite tekućinu kroz fino mrežasto cjedilo ili gazu u čiste boce, ostavljajući malo prostora na vrhu. Boce dobro zatvorite čepovima ili plutenim čepovima i ostavite u hladnjaku najmanje 2-3 dana kako bi se kvas karbonizirao i razvio svoje okuse. Nakon 2-3 dana kvas bi trebao biti spreman za piće.
e) Ohladite ga u hladnjaku prije posluživanja i uživajte u njemu kao osvježavajućem i pikantnom tradicionalnom estonskom piću.

98.Kefir

SASTOJCI:
- 4 žličice kefirnih zrna (dostupno online ili u trgovinama zdrave hrane)
- 4 šalice mlijeka
- Zaslađivači ili arome (med, voće ili ekstrakt vanilije), po izboru

UPUTE:
a) Stavite kefirna zrnca u čistu staklenu posudu. Dodajte mlijeko u staklenku, ostavljajući malo prostora na vrhu za fermentaciju.
b) Mlijeko i kefirna zrnca lagano promiješajte nemetalnom žlicom. Pokrijte staklenku čistom krpom ili plastičnim poklopcem, ali nemojte je čvrsto zatvoriti jer proces fermentacije proizvodi plin. Ostavite kefir da fermentira na sobnoj temperaturi 24-48 sati, ovisno o željenoj razini kiselosti. Što dulje pustite da fermentira, to će postati čvršći.
c) Nakon fermentacije procijedite kefir u drugu čistu staklenku, pri čemu odvojite kefirna zrnca od tekućine. Za to možete koristiti finu mrežicu za cjedilo ili plastično sito. Procijeđeni kefir sada je spreman za piće ili možete dodati zaslađivače ili arome po ukusu.
d) Ako želite ponovno upotrijebiti kefirna zrnca za drugu seriju, jednostavno dodajte svježe mlijeko u staklenku s kefirnim zrncima i ponovite postupak fermentacije.

99.estonski Morss

SASTOJCI:
- 10 ½ oz. raženog kruha
- 8 šalica vode
- ½ šalice šećera
- Listovi svježe mente ili kriške limuna, za ukras

UPUTE:
a) Raženi kruh narežite na male komadiće i stavite u odgovarajuću zdjelu ili vrč. Prelijte vodu preko raženog kruha, pazeći da svi komadi kruha budu potopljeni.
b) Pokrijte ovu zdjelu ili vrč čistom krpom ili plastičnom folijom i ostavite na sobnoj temperaturi 12-24 sata kako bi došlo do fermentacije. Što dulje pustite da fermentira, Morss će biti čvršći.
c) Nakon fermentacije, procijedite tekućinu iz raženog kruha pomoću finog mrežastog cjedila ili gaze, odbacujući krutine kruha. Umiješajte šećer po ukusu, počevši od ½ šalice i prilagođavajući po potrebi.
d) Ohladite Morss u hladnjaku najmanje 1-2 sata prije posluživanja.
e) Morss po želji možete ukrasiti listićima svježe mente ili kriškama limuna. Prije posluživanja dobro promiješajte jer bi se talog mogao spustiti na dno.

100. Estonski Kali Drink

SASTOJCI:
- 10 ½ oz. tamnog raženog kruha (po mogućnosti starog)
- 8 šalica vode
- ½ šalice šećera
- ½ žličice aktivnog suhog kvasca
- Listovi svježe mente ili kriške limuna, za ukras

UPUTE:
a) Raženi kruh narežite na male komadiće i stavite u odgovarajuću zdjelu ili vrč. Prelijte vodu preko raženog kruha, pazeći da svi komadi kruha budu potopljeni.
b) Pokrijte ovu zdjelu ili vrč čistom krpom ili plastičnom folijom i ostavite na sobnoj temperaturi 2-3 sata kako bi došlo do fermentacije.
c) Nakon fermentacije, procijedite tekućinu iz kruha pomoću finog mrežastog cjedila ili gaze, odbacujući krutine kruha.
d) Umiješajte šećer po ukusu, počevši od ½ šalice i prilagođavajući po potrebi. Kvasac otopiti u odgovarajućoj količini tople vode i dodati u procijeđenu tekućinu, dobro miješajući.
e) Opet pokrijte zdjelu ili vrč i ostavite da odstoji na sobnoj temperaturi dodatnih 1-2 sata kako bi kvasac fermentirao i karbonizirao piće. Ohladite Kali u hladnjaku najmanje 1-2 sata prije posluživanja. Prilikom posluživanja Kali po želji možete ukrasiti listićima svježe mente ili kriškama limuna.
f) Prije posluživanja dobro promiješajte jer bi se talog mogao spustiti na dno.

ZAKLJUČAK

Dok se opraštamo od "Najbolje estonske kuharice", činimo to sa srcima punim zahvalnosti za ukusne okuse, stvorene uspomene i kulinarske avanture koje dijelimo na putu. Kroz 100 recepata koji slave bogato kulinarsko nasljeđe Estonije, krenuli smo na putovanje okusa, otkrivanja i kulturnog istraživanja, otkrivajući jedinstvena i ukusna jela koja estonsku kuhinju čine doista posebnom.

Ali naše putovanje ne završava ovdje. Dok se vraćamo našim kuhinjama, naoružani novim nadahnućem i poštovanjem prema estonskoj kuhinji, nastavimo istraživati, eksperimentirati i stvarati. Bilo da kuhamo za sebe, svoje voljene ili goste, neka recepti u ovoj kuharici posluže kao izvor radosti i povezivanja, okupljajući ljude i slaveći univerzalni jezik hrane.

I dok uživamo u svakom ukusnom zalogaju estonske dobrote, prisjetimo se jednostavnih užitaka dobre hrane, dobrog društva i radosti dijeljenja obroka s voljenima. Hvala vam što ste nam se pridružili na ovom kulinarskom putovanju kroz okuse Estonije. Neka vaša kuhinja uvijek bude ispunjena toplinom i gostoprimstvom estonske kuhinje, a svako jelo koje napravite bude slavlje bogate kulinarske baštine baltičke regije. Glavo aega ! (Dobar tek!)

www.ingramcontent.com/pod-product-compliance
Lightning Source LLC
Chambersburg PA
CBHW070351120526
44590CB00014B/1093